思想觀念的帶動者

文化現象的觀察者

本土經驗的整理者

生命故事的關懷者

Master

對於人類心理現象的描述與詮釋
有著源遠流長的古典主張，有著素簡華麗的現代議題
構築一座探究心靈活動的殿堂
我們在文字與閱讀中，找尋那奠基的源頭

找回家庭的療癒力

多世代家族治療

IMulti-generational Family Therapy: tools and resources for the therapist

著－茅里齊奧・安東爾菲（Maurizio Andolfi）

譯－張在蓓、楊菁薷

碩果僅存的大師，
五十年結晶的智慧

趙文滔

（國立臺北教育大學心理與諮商學系教授、心理諮商師、伴侶／家庭治療師）

　　家庭治療發展至今近七十年，從被當時主流心理治療界不以為然，到今日成為被認可的一門專業，一路上經歷不少風雨。放眼望去，胼手胝足開創出新局面的第一代家庭治療師都已凋零，後續接棒者正開枝散葉，而如今仍健在的安東爾菲（Maurizio Andolfi）則處在一個很特別的位置：如果米紐慶（Salvador Minuchin）算第一代，李維榕老師算第二代，安東爾菲應該算一·五代；他年輕時就和包括米紐慶在內的諸多第一代治療師學習，親身見證了家庭治療的黃金時代。米紐慶去世後，第一代正式走下舞台，環顧當今地球，我想不到另一個比安東爾菲更有經驗的家庭治療師。

　　也許融合了閱歷全世界的智慧和義大利人天生的豐富情感，安東爾菲的治療風格兼具深思熟慮卻極簡的語言，以及細膩卻直指核心的情感。在會談中，他會直接問一個人內心糾結多年、卻從來沒人（敢）問過的問題，例如問一個出生不久父母就離婚的青少年：「你認為爸爸希望你出生嗎？」「你認為你的出生讓爸爸媽媽分開還是在一起？」措手不及的青少年一開始當然說不知道，然而當安東爾菲再問一次，青少年竟很快回答他認為爸爸不希望他出生，他害父母離婚……

上面這一段示範，發生在國際家庭治療學會（IFTA）二〇一五年在馬來西亞吉隆坡舉辦的第二十三屆世界家庭治療年會，是我的親身體驗。當時我看到偶像從教科書走到面前已經興奮到語無倫次，看完影片更彷彿五雷轟頂。如果意猶未盡，可以上 FB 找我的兩篇文章《熟成四十五年份的家庭治療大師：Maurizio Andolfi》、《當今地球上最強的家庭治療師：Maurizio Andolfi》或找機會看有人導讀的安東爾菲會談影片，看看你的體驗和我是否相同。

　　學習家庭治療超過二十年，我對「**為學日益，為道日損**」體會愈來愈深。初學者求知若渴，抓到什麼都想讀；一段時間後，開始對某些理論特別有感悟，對另一些理論逐漸失去興趣；再過一段時間，可以分辨寫作的人功夫大約在哪個層次，因為視野高低明顯決定他評論的深度與廣度。最近這陣子，我開始對家庭治療以外的學問興趣更大，發現文學、哲學、史學、量子物理學、神經生理學當中蘊含對人性、對關係的理解，不亞於、甚至大於現有家庭治療教科書內容。我目前的體會是：學習家庭治療不需要讀完每一本書、熟悉每一個學派；寫書的人功夫境界愈高，其書愈值得細細咀嚼，品味其中智慧。

　　欣聞心靈工坊出版了這本安東爾菲的代表作，相當程度統整了一個家庭治療大師五十年工作心得。其中有些內容看似基本，其實相當實用，有些則是很少在別的書裡講得清楚的。如果細細體會，對有心學習「關係」這一門功課的人，必然有所啟發。

　　老先生今年七十多歲，身體精神都十分健朗，但畢竟沒有永遠不下檔的戲。他好幾次寫 e-mail 邀我去澳洲參加他的

課，我總是被瑣事絆住沒去成。如果台灣有同好願意把握機會親炙大師風采，我很樂意牽線，我知道他很樂意將他畢生功夫傳下去。

從關係到關係的相遇

賈紅鶯

（伯特利身心診所督導／心理師、前東華大學諮商與臨床心理系副教授）

茅里齊奧・安東爾菲（Maurizio Andolfi）是當前見證整個家族治療歷史發展的大師級治療師，以「關係心理學」取代了「系統理論」這個冷酷的字眼。系統思維是家族治療發展的緣起，但「關係」才是其核心。從家庭關係的病理來治療，不同學派家族治療從過去到現在一致相信：關係是最好的良藥。

一九九〇年，我寫了台灣第一篇家族治療的碩士論文，探討鮑文（Bowen）的理論；二〇〇三年，我在英國進修家族治療，學習後現代思潮；二〇一八年，則寫了《關係是傷也是藥：家族治療二十八年的反思筆記》一書。同樣在二〇一八年，第五屆亞洲家庭治療學院年會上，我遇見安東爾菲，聽了他的多世代家族治療演講，乍聽起來以為是鮑文的多世代，但上完他的工作坊，我相信，我找到知音了。

我感動得忍不住回饋，他邀請我走到講台前。我說，用他的個案 Martina 的話，我看見他的工作是 "bring broken pieces together"，因此治療師不是在 fix problem（修理問題、解決問題），而是在 fix stories（修復故事）。他立刻興奮地要我翻譯成中文，分享給工作坊的學員。

人生可以支離破碎，故事卻可以豐厚和諧。

在這本《找回家庭的療癒力：多世代家族治療》中，他教

導治療師將家庭視為一個治療拼圖，注意家庭故事「少了什麼、什麼是沒有說出口的」，「在不連貫之處建立起橋樑以形成完整的圖案」——這就是多世代家族治療的目標。

年會的工作坊那天，我又跟他分享我書中的一句話：

「孩子活在真實的陰天，遠比活在虛偽的陽光下好。」

說完，他如發現知音般地給我一個擁抱。

後來才發現這本書中，安東爾菲常對孩子說：「**令人痛苦的事實，遠勝於美麗的謊言！**」一場工作坊的相遇，我懂他的工作，他也成了我的知音。療癒，有其共通的道理。

我想我們的擁抱中，還包含著一個訊息：我們都是用真實的自己在做家族治療的人。

在本書中，安東爾菲說：「治療師要拿下『專業面具』，以他完整的自我和人性來執行治療角色……一旦他們從『做』治療轉為『是』治療師，就更容易在會談室中感受到自己的感覺，並能享受融入案家情緒流動的自由。」

安東爾菲說，多年前他也有失去兄弟的悲傷經驗……我們的個案能夠察覺到「我們是如何設法與他們最深層的痛苦與情緒在一起」。他感嘆，過去的家族治療書籍或文章中，提到「與家庭帶來的痛苦待在一起」的文章太少了。我在督導心理師時，常常問他們道：「這個家庭最獨特的地方在哪裡？他們和別人不同的苦又是什麼？我們如何理解並且適度背負？」這些都是在實務中非常重要的議題。安東爾菲說：「治療師與每個人進行直接且真誠的接觸，藉著在治療中對頻（attuning）於許多家庭的痛苦和絕望，以及隱微的活力和希望，以至於能將它們轉化為力量與改變的元素。」

關係是傷也是藥，我覺得最困難是「也」這個字。治療師

要能從家庭獨特的文化中理解他們深沉的傷，另一個眼睛又要發現家庭的希望。傳統的家族治療過於側重家庭關係的病理，強調家庭關係帶給人的傷，但忽略受傷者值得被尊敬的地方。後現代思維偏向談論家庭的正向，對關係的傷卻輕輕帶過。我認為「後現代家族治療」不能沒有「現代家族治療」的基礎，唯有認識現代家族治療理論，才可能有後現代的反思，否則就落入米紐慶的批評——後現代治療裡的家庭不見了！

關係是傷也是藥，兩者都不可偏廢，治療師要能駕馭平衡，是治療最困難也最動人之處。

安東爾菲說：「許多乏味卻沒有任何改變的治療帶給我最重要的教導，是面對與容忍自己的無力感及個人失敗的能力⋯⋯」我在自己的書中，談到治療師的無助之助時，則是說：「治療師對個案的無助，才是真情流露；治療師不是旁觀地解決問題，而是在問題內與自己、與對方真誠地談心。」

我在安東爾菲的工作中看見：從現代到後現代，整合了經典與反思，他鄉遇故知，那是一份難以形容的感動。重溫這本書，那份感動又再回來。我相信這份感動，也能安慰、激勵許多投身於家庭工作的人，不論是社工、心理師、輔導老師，或相信「家庭是最好的良藥」、「關係是傷也是藥」的人，繼續走在家族治療的路上，因為「藉由與家人一起轉化與療癒的能力，啟動我（們）內在最人性與最靈性的部分」。

致謝

本書獻給
　　幫助我永保青春的兒子——強納森

　　我要感謝兩位親愛的朋友，他們也是家族治療師：感謝基亞拉‧亨特（Chiara Hunter）將整個原稿翻譯為英文，也感謝娜琳娜‧西杜（Narina Sidhu）非常專業且學術性地完成此書的校訂及編輯。我想謝謝安娜‧馬塞拉尼（Anna Mascellani）對內文的指教與寶貴意見，也謝謝勞拉‧布魯諾（Laura Bruno）協助我編製參考書目。最後，特別要感謝我的妻子洛雷娜（Lorena），謝謝她對本書架構和內容的建議與技術性協助。但更重要的是，她這一年多來的「家庭支持」，讓我在投入專業工作以及沿著珀斯市城市海灘（City Beach, Perth）美麗海岸之漫長、鼓舞人心的散步之餘，還能有時間撰寫本書。

{ 目錄 }

5　　推薦序一｜碩果僅存的大師，五十年結晶的智慧
　　　　　　　　　　／趙文滔

8　　推薦序二｜從關係到關係的相遇／賈紅鶯

11　　致謝

15　　前言

19　　【第一章】關係心理學的根源
　　　　　　　系統理論的起源／系統理論及多世代理論：兩
　　　　　　　個模式的比較／系統純粹主義者及帶領者／論
　　　　　　　觀察的互為主體性

31　　【第二章】家庭生命週期與多世代面向
　　　　　　　家庭生命週期理論／多世代家庭的敘事／隱形
　　　　　　　的忠誠／翻轉個人權威／家庭文化的表達和手
　　　　　　　段：家庭迷思／自我分化／情緒切割／代間壓
　　　　　　　迫及成人兒童

51　　【第三章】社會轉變及新的家庭型態
　　　　　　　離婚與單親家庭中的孩子／繼親和混合家庭／
　　　　　　　單人家庭／同居關係與他們的家庭／收養家庭
　　　　　　　／跨文化及移民家庭／同性伴侶，以及擁有相
　　　　　　　同性別父母的孩子

71　【第四章】觀察家庭的方法
　　　　　　　觀察的基本單位：三人關係／家系圖：呈現家
　　　　　　　庭發展的圖像／在治療及諮詢中運用家系圖／
　　　　　　　在治療師的培訓運用家系圖／家庭雕塑：系統
　　　　　　　治療師的有用工具／在治療中運用家庭雕塑／
　　　　　　　運用於治療師的督導及個別訓練／治療及訓練
　　　　　　　中的角色扮演

93　【第五章】家庭功能的評估
　　　　　　　三代家庭／不同的伴侶結構／和諧型伴侶／高
　　　　　　　衝突型伴侶／不穩定型伴侶／夾在兩個世代間
　　　　　　　的「三明治」型伴侶／伴侶功能的社會評估／
　　　　　　　孩子誕生：伴侶關係的重大轉變／手足關係的
　　　　　　　評估

107　【第六章】建構治療故事
　　　　　　　家庭治療同盟的形成／讓孩子擔任協同治療師
　　　　　　　／治療師的內在自我與自我揭露／家族治療師
　　　　　　　的關係面向技巧／家族治療中的儀式與戲劇化

129　【第七章】治療性交會的語言
　　　　　　　治療性對話的基礎／資訊的收集與選擇／重新
　　　　　　　框視及關係性陳述／關係問句

149　【第八章】家族治療中的身體語言
　　　　　　　眼神與表情／手勢與身體訊號／身體距離與關
　　　　　　　係界限／身體接觸／周邊語言系統和沉默／在
　　　　　　　家族治療中善用靈魂之窗／治療空間中的動作

／形成治療同盟關係的動作

171　【第九章】沉默與觸碰——兩種強大的連結方式
　　　反思性停頓／家庭及治療師沉默之重要性／將
　　　治療師的沉默，做為傾聽的工具／沉默，作為
　　　家庭悲傷的一種支持／觸碰：家族治療中的身
　　　體接觸／身體接觸：治療同盟的正向增強／用
　　　身體接觸重新建立連結／案例：羅伯的重擔

201　【第十章】心理治療與研究中的人類面向
　　　醫療模式運用於心理與關係議題的局限／家族
　　　治療的成效研究／納入案家的長期追蹤臨床研
　　　究／湯瑪斯復原了：是奇蹟？還是療癒歷程？

214　附錄一｜參考文獻
243　附錄二｜索引
258　附錄三｜延伸閱讀

前言

本書是我與世界各地的家庭和伴侶工作四十五年的跨國治療經驗之成果，在這些治療中，我通常以治療師的身分工作，有時候則擔任諮詢或督導的角色。這樣豐富的跨文化經驗，幫助我學會欣賞不同的價值觀、傳統以及表達情感與關愛的方式，這豐富了我自己家庭和社交的底蘊，是一種對家庭生活的知識及理解的真正傳承。我透過觀察頂尖治療師的工作，並吸收他們的技巧和知識來學習家族治療。就像人們在學習做交易時一樣，我們透過觀察和「用眼睛偷竊」來收集知識，正如同一句古老的義大利諺語所說的那樣！我嘗試以現場諮詢會談或督導，或播放與個案會談的錄影帶的方式，來保持這樣的傳統。多年來，無論我學到了什麼，我都試圖透過示範自己的創新治療方式，來回饋科學社群。我擔心，家族治療這樣一個透過體驗的工作方式來學習、實踐及示範且代代相傳的療法，恐怕會有消失的危險。如今，在大學裡和研討會上的老師們傾向躲在闡述不同模式與取向的理論背後，描述他們的臨床介入，而非呈現個人的工作示範。

米紐慶（Minuchin），我最偉大的老師之一，在他的新書《米紐慶的家族治療百寶袋》（*The Craft of Family Therapy, Minuchin, Reiter & Borda*, 2014）介紹中呼應了這些觀點。米紐慶描述了現今的大學課程主要是透過演繹方法來運作的，在課堂上，學生學習各種家族治療理論，然後嘗試

將其運用到在實務中。透過這種方法，他們學會了被評量、保護，隔絕於情緒不適，並避免自己涉入個案的痛苦。基本上，課程的訓練使他們謹慎地進行治療，避免將個人的參照架構加諸在案家的問題上。因此，這樣的學習不鼓勵學生在進行治療時將自己視為一種資源，也不鼓勵學生探索一種以實踐和與家庭工作的經驗為基礎之更具歸納性的學習歷程。

本書借鑒了《關係心理學》（*Relational Psychology, Andolfi*, 2003）中的概念，這是一個新穎且引人入勝的學科領域，它以三人關係做為衡量家庭發展歷史中人際關係的單位。我希望這個方法能扎根並發揚光大，並且為當前流行的學科領域做出重要貢獻，就如動力心理學（Dynamic Psychology）和認知心理學（Cognitive Psychology），對比之下，它們是嚴密扎根在個別治療的領域裡。這將鼓勵對主要三角關係（primary triangle）進行新的臨床研究，如此會使得父親的角色受到重視；或者更廣泛的來說，是鼓勵對所有兒童發展的觀察模式進行新的研究。系統理論在人類關係的觀察上開啟了新的領域，但若沒有對家庭跨世代的演變動力進行研究，那麼「此時此地」中對家庭互動的觀察僅能提供一個團體照的畫面，卻沒有過去和未來的視角。

在此種跨世代的家庭觀察中，子女次系統扮演了重要的角色，他們在治療中扮演著代間對話或衝突的重要關係橋樑。讓兒童與青少年在治療中扮演此種積極角色，尤其當他們帶有症狀行為時，這無疑地是我的臨床經驗及本書提出的多世代家族治療模式中最原創的部分。我注意到對各類型兒童和青少年精神病理所使用的廣泛藥物治療的局限性，以及經常造成的損害，久而久之我逐漸相信：**家庭是最好的良藥**。因此，治療包

括了重新回顧家庭的發展歷史、縫補仍未癒合的傷口和療癒破裂的情緒連結。當前所呈現的問題變成認識家庭與被認定病人（identified patient）的大門，而被認定病人則成為探索家庭關係的得天獨厚之嚮導。此治療方式的第一個具體結果是需要接受介入的人的症狀能逐漸消失，但更重要的是，能觀察到家庭成員之間情感和關係的轉變，無論是在伴侶或代間的關係上。因此，家庭將從典型的醫療模式中處於被動地委託專家的位置，轉變為主導自己命運的角色，在此種治療方式中，可以幫助家庭發現本身所擁有的資源，而非強調自身的失敗。

要做到這一點，治療師必須將參與會談的家庭之家系圖牢記在心，就像是一個「活的家系圖」，如此他可以取得正向資源，並開啟療癒之路。治療師需要保持探險家的好奇心，進入每個家庭的私人領域，但也同時保持心中有道。本書為治療師提供組裝配備，並強調在家庭和伴侶治療關係中的認知與情感品質，其專業配備包括多種工具，用以促進與每個家庭成員的信任和合作關係。發展出一套具創造力的關係問句，認真地傾聽每個人的聲音，尊重成人，也尊重孩子，這些是有必要的。同時，在會談中，重要的是，能夠掌握那些由身體、眼神、手勢與姿態所傳遞的非口語訊息，它們比口語更有說服力，並且，也要欣賞那些富有關係意義的停頓與沉默。

我們所描述的治療師，應該能夠避免文化刻板印象和機構慣例，能夠以積極的方式運用其自我、情感共鳴（affective resonance）、以及治療空間，能與不同家庭成員靠近並進行身體接觸，以促進新的連結，並彌補過去的情緒斷裂。除了專業的部分，治療師外觀與內在的同在，是最有效的治療工具，與每個人進行直接且真誠的接觸，藉著在治療中對頻

（attuning）於許多家庭的痛苦和絕望、以及隱微的活力和希望，以至於能將它們轉化為力量與改變的元素。

　　現今，家庭的形式非常多樣，反映了當代社會的極大變革。雖然這些家庭彼此具有差異，也與傳統家庭有所不同，但是，從歷史的演化進展與跨代的解讀上，卻在很多方面可以成為一種共同的、普世的指引。此種在治療介入之意義層面上的轉換運作，需要治療師帶著熱情與同理，而非評價或分門別類的態度，進入即使是家庭中最困難與戲劇化的議題。

關係心理學的根源

系統理論的起源

　　關係心理學（Relational Psychology）最早出現於一九五〇年代的美國文化。特點是採用整體的模式（holistic model）來處理人們的問題，嘗試克服許多片段的獨立研究和介入所帶來的困擾。如此跨領域的取向，為人類學和社會學等社會科學的發展，提供了厚實的基礎，對於理解個體生命週期中的社會文化情境，以及家庭動力對於人格發展的影響，有著重大的貢獻。尤其在心理學的領域中，**新佛洛伊德理論**（Neo-Freudian theories）帶來了徹底的轉變，由原本大部分僅觀察內在心理因素，轉移到探索人際現象及其所發生的文化社會情境。二〇〇二年，在羅馬所舉辦的家族治療先驅國際會議（International Conference on The Pioneers of Family Therapy）的開幕儀式上，米紐慶（Salvador Minuchin）指出，由蘇利文（Harry Stack Sullivan）、佛洛姆（Erich Fromm）、荷妮（Karen Horney）及湯普森（Clara Thompson）所組成的新佛洛伊德學派，是家族治療早期運動的真正先驅。

　　這個理論框架產生了「系統理論」（System Theory），它代表著一個結構，連結了對各種領域的理解（由數理到自然歷史，再到人性）（Bateson, 1979），並且奠基於系統、

組織、自我調節、整體及循環因果等概念。一九六八年，由生物學家馮·貝塔朗菲（Von Bertalanffy）所提出的「**一般系統理論**」（General system theory）進行了系統性的組織。觀察者所關注的焦點由獨立的現象轉變為「具有組織性的整體」（organized wholes）。這樣的現實視角引入了一種新語言和創新科學的詞彙，適用於任何系統研究：活生生的有機體、社會組織、電腦計算，以及人類系統。這個系統觀點採用了廣角的視角：以所有被觀察的現象之間的相互依存（inter-dependence）及相互關係（inter-relationship）來看待世界，這個被稱為系統（a system）的整合參照基模，它的特性不能被簡化為自身某部分的特性（Capra, 1982）。從這層意義來看，這個模式允許觀察者將所有系統共有的特徵離析出來，將這些特徵視為整體智能單元之間的相互作用來理解（Miller, 1978）。

　　將系統－控制（systemic-cybernetic）的觀點應用在家庭研究上，則要歸功位於帕羅奧圖（Palo Alto）的心理研究機構（Mental Research Institute），代表人物包括了瓦茲拉威克（Paul Watzlawick）、傑克森（Don Jackson）、海利（Jay Haley）及魏克蘭（John Weakland）等人。這些學者是貝特森思想（Batesonian）的追隨者，他們由動物和機器的傳播理論中借鑑了概念和語言（輸入及輸出、回饋等）。家庭被視為一種自我校正系統，帶有趨向恆定狀態（homeostasis）的穩定連結，而進入家庭的關鍵則來自於個體心理的不適感，心理的不適感會反過來轉化為溝通中扭曲的訊息。他們的理論認為「家庭傾向以維持恆定的狀態來組織」，也就是會有特定的溝通規則與不同僵化程度的互動模式。這個模式所關注的是在**此**

時此地的行為或溝通中可以觀察到的面向，也就是互動的層面。他們嘗試連結一種特殊的溝通型態和特定的症狀學，藉此發展出幫助人們更有效溝通的方式。

在一九五〇年代中期，**雙重束縛理論**（Double-bind theory）（Bateson, Jackson, Haley & Weakland, 1956）為理解和治療成對關係（dyadic relationship）中典型失功能的溝通形式，提供了一個理論框架。這個概念源自於試圖以循環因果關係的角度來解釋重大精神功能障礙（major psychiatric dysfunctions）——主要是思覺失調症——此理論認為重大精神功能障礙與家庭中不同成員特定的互動型態有關。為了找出症狀是如何形成的，許多學者批評這個想法仍受困於線性因果關係（linear causality）的機械概念中（Minuchin, 1974, 2002; Ugazio, 1985; Telfener, 2002; Andolfi & Mascellani, 2013）。儘管這些學者與貝特森（Gregory Bateson）合作，並與他共同負責與各種溝通形態有關的研究計畫，他們依舊無法理解他複雜的概念，一直想克服其中的機械模式，但仍無法如願。因此，典型的醫療模式——病因學（Aetiology，找尋原因）——持續引領著家庭研究，也導致了成對理論（dyadic theory）的誕生：當一人無法解讀另一人所給予的矛盾訊息時，具情感連結的兩個個體之間的失功能溝通（dysfunctional communication）就會導致無可避免的病理表現。雙重束縛有一個例子是以媽媽和孩子間的失功能溝通為例，當媽媽告訴孩子「我愛你」時，她的語調和身體語言卻呈現完全相反的狀態，孩子就無法理解這樣的矛盾。現實中，在解釋重大精神疾患時，雙重束縛理論是一個很有趣的研究概念，但運用在臨床實務上完全行不通，並且受到美國精神疾病聯盟（National

Alliance on Mental Illness[NAMI]）的病友家庭強烈反對，因³為它被認為是對思覺失調病患父母的批判和責難。一九七八年在紐約召開的「超越雙重束縛理論」（Beyond the Double Bind Theory）的會議上，特別強調了此種理論模式的衰落，同名書籍也在隔年出版（Berger, 1978）。

在著名的《人類溝通的語用學》（*Pragmatics of Human Communication,* Watzlavick, Beavin & Jackson, 1967）一書中，作者描述了人類溝通的公式，包括對口語和非口語的深入探索，以及內容（content）和脈絡（context）的不同之處。這本書為治療師在與個案工作時提供了非常有用的引導。採用系統－控制觀點，開啟了一場對個體單一視角──個體是自己內在的囚犯──的批判性辯論，對比的是將個體視為社會一份子的另一種觀點，亦即個體的行為可以在其所處的關係系統脈絡中得到理解。這種方法非常重視每個事件和行動的溝通特徵，包括症狀行為。個體的問題，也可視為家庭中關係不良的訊號，並傳達了恆定狀態與改變之間存在的衝突。

總結來說，將整個家庭視為一個系統，是系統理論的基礎。根據互動所發生的脈絡，每個行為都被理解為關係的一種功能。系統理論的關注焦點，由孤立的個體轉移到較大的家庭系統動力之間的關係。家庭關係研究中的脈絡概念是瓦茲拉威克等人（1967）所提出模式的關鍵點。沒有了脈絡，文字和動作就沒有意義。脈絡的定義不僅來自說出口的話語，也來自非口語的溝通，相輔相成並且不斷進化。因此，當前的問題可以從另一個角度來看待，因為它不再僅僅是個體不適或疾病的表現，而是突顯了家庭系統內的失功能。海利（1976）的另一個重要貢獻是，提出將「三人關係」（triad）視為觀察關係

現象的基本單位，這個新穎的概念讓治療師能以新的觀點看待家庭的互動，並以不同的方式來蒐集資訊，也就是後來所謂的「循環問句」（circular questioning）。在嚴重的個體症狀中所發現的「倒錯三角關係」（perverse triads），讓他在一九六〇年代後期擴展其觀點而接受新的影響，起初是受到艾瑞克森（Milton Erickson）催眠策略的影響，後來則是米紐慶的**結構理論**（Structural Theory）。

系統理論及多世代理論：兩個模式的比較

系統理論的發展，並沒有導引出一般概念和操作模式的定義，得以研究家庭功能及個體心理病理。從一九六〇年代開始，家庭研究領域的兩種不同思想流派開始成形並相互對峙。在美國西岸，帕羅奧圖小組研究了第一個人類溝通的公式（最後形成雙重束縛理論）。東岸則從心理動力傳統中形成另一種思想流派，代表人物為鮑文（Murray Bowen）、伊凡・納吉（Ivan Boszormenyi-Nagy）、富拉摩（James Framo）、華特克（Carl Whitaker），以及，在某種程度上，米紐慶與他的結構學派；基本上，他們的工作是將重點放在發展的觀點，考量個人在家庭生命週期中的發展。

人類溝通的語用學

系統運動（systemic movement）的理論概念主要聚焦在：家庭系統中此時此地（here and now）可以觀察到的溝通和互動（Watzlawick et al., 1967; Selvini Palazzoli, Boscolo, Cecchin & Prata, 1978; Haley & Hoffman, 1981），而不是將這份溝通和互動跟家庭系統的發展歷程連結起來。這個觀察到

的現實為一種靜止的狀態且有所限制：系統的自然形成，以及系統隨著時間的發展，被簡化為單一的維度——現在。此種視角的限制在於，將個體的主體性視為一個「黑箱」（black box），困住個體的想法、情緒、動機、期待、想像力及意義。這種觀察結果僅限於語用層面，忽略了由過去、現在、未來，以及整個意義世界組成的時間層面。儘管在排除家庭的歷史和主觀層面上有其限制，溝通理論提供了與那個時期的主流思想相互對照的機會，並獲得了與強大的精神分析傳統——以言語談話和個體內在精神動力為基礎相關的自主身分。

值得注意的是，由瓦茲拉威克、巴費拉斯（Janet Beavin Bavelas）、費施（Fish）及魏克蘭（John H. Weakland）所組成的小組，在帕羅奧圖心理研究機構工作了將近三十年，以策略導向的短期個別介入為主要的研究方向。此外，《人類溝通的語用學》成為家族治療師的聖經，長達二十年，尤其是在歐洲，也許是因為歐洲強烈反對佔主導地位又根深柢固的精神分析傳統的緣故。一九七〇年代期間，由薩文尼‧巴拉莎利（Mara Selvini Palazzoli）在米蘭所帶領的小組受到了瓦茲拉威克和所謂「系統純粹主義者」（system purists）的啟發，系統純粹主義者堅持治療師必須保持中立的立場，不對個案的問題做出情緒性回應。受此影響，巴拉莎利和她的小組寫了一篇如何進行會談的經典文章，以三個原則指南為基礎：（1）治療師的中立；（2）關係假設的形成與使用循環問題；（3）治療師不做任何的個人涉入（personal involement）。

家庭中的個體

多世代家族治療改變了個體在精神分析取向及系統觀中

「整體」的概念，並提出一個新的模式，著重於身處家庭及社群等較大系統中的個體。多世代家族治療的基礎，結合了　5該領域幾位先驅者的想法——鮑文的從原生家庭進行自我分化，以及不成熟（immaturity）的代間傳遞等概念（Bowen, 1978）；伊凡‧納吉與史巴克（Boszormenyi-Nagy & Spark, 1973）的隱形忠誠（invisible loyalties）和世代之間借貸（inter-generational debits and credits）之概念；富拉摩的伴侶工作的世代之間方式（Framo, 1992; Framo, Weber & Levine, 2003）；華特克（1989）的家庭迷思（family myth）及時態跳躍（temporal jumps）研究。其中值得注意的是，華特克成為最具連貫和創造性的詮釋者，將關係介入擴大到至少三代。米紐慶對於糾結（enmeshed）及疏離（disengaged）家庭的描述，成為從歷史和世代間界限的角度來理解兒童發展的基礎。阿克曼（Ackerman, 1958）的開創性工作也被特別提到，他對兒童的症狀提供了最初步的關係解釋，他認為有症狀的兒童是家庭衝突的代罪羔羊（scapegoat），並使用與父母原初的主要三人關係（the primary triad）做為觀察和介入家庭動力的模式。

　　這些治療大師沒有任何一個人將自己界定為純粹系統觀點的，儘管他們全都擁有馮‧貝塔朗菲（1968）的系統理論、貝特森（1979）的跨領域取向，以及瓦茲拉威克等人（1967）的人類溝通原理等知識。米紐慶在《家族治療的先驅》（*I Pionieri della Terapia Familiare*, 2002）一書中發表了一篇關於關注人們文化背景重要性的文章，批評系統－控制觀點。他認為貝特森的工作啟發了系統理論者，使臨床工作者更傾向於描述，而非處方；更傾向於想法，而非人們本身和他們

的情緒。由伊凡・納吉與富拉摩所編輯的開創性著作《密集性家族治療》（*Intensive Family Therapy*, 1965）成為多世代家族治療的宣言。這些先驅和他們的追隨者，儘管在理論和介入上有許多不同之處，也都知道與家庭合作意味著要滿足不同的家庭結構，但始終要由根本上關注個體在家庭中成長歷程的研究。鮑文（1978）所引入的家系圖（family genogram）成為探索三個世代的地圖，至今仍為世界各地的治療師所用。透過這張圖形成對家庭的評估，並指出重要事件，諸如出生、死亡、婚姻和分居，對訂定治療計畫是很有幫助的。對這些學者來說，個體永遠不會遭受忽略或低估；相反地，他們鼓勵個體去修復斷線的情緒，並重新連結，或是從過度依賴的代間關係中分化出來。綜合以上，這些先驅的目標不僅僅是解決目前的問題，而是更加理解個體症狀的關係價值，並與家庭一起尋找治癒的途徑。

系統純粹主義者及帶領者

家庭研究對這些觀點的概述，使得一些根本的差異性浮現出來，這些差異性具體涉及了對家庭現下問題的考量，以及治療師的角色和功能。這也影響了治療師的基本目標：觀察此時此地的互動與協助個案修正問題行為，或是評估行為及互動，以更理解情緒、期待和改變的動機。海利（1969）在其擔任編輯的告別論文〈家庭歷程〉（Family Process）中概述了這種差異性：一方面我們擁有像瓦茲拉威克、魏克蘭、霍夫曼（Hoffman）和米蘭學派的「系統純粹主義者」，將家庭視為一個互動的系統來進行研究，並讓自己與任何個人涉入或／和情感共鳴（resonance）的部分保持距離，且在治療中主要

採用認知方法；另一方面，像阿克曼（Nathan Ackerman）、薩提爾（Virginia Satir）、鮑文、富拉摩、米紐慶、華特克及安東爾菲（Maurizio Andolfi）等專業人士，他們是「帶領者」（the conductors），善用自己的人格特質，包括情感反應、直覺及創造力，做為與家庭建立治療同盟和引導介入的工具。從這一層意義來看，他們創造了「第三星球」（third planet），此為安東爾菲與安傑羅（Andolfi & Angelo, 1988）的一個隱喻，意指這是一個與家庭共享的治療空間，用以促進每個人的成長和自我認識。他們的取向在本質上是經驗性的，旨在尋找個別的和關係的資源，以解決家庭帶來治療的問題。

論觀察的互為主體性

在過去的五十年間，系統理論產生了演變，尤其是從第一階段到第二階段控制論的轉變，促進了更全面地認識人類溝通的循環（circularity）。第一階段控制論的提倡者經常提到黑箱（受限於對**輸入及輸出**，或是**輸出及輸入**歷程的驗證），著重在互動行為的可觀察層面，將觀察者視為受觀察者的外在部分。但是通往第二階段控制論的道路，隨著**建構論**（constructivism）**和社會建構論**（social constructionism）的興起（Mc Namee & Gergen, 1992），以及**合作治療**（collaborative therapies）的實踐（Anderson & Goolishian, 1988），在看待現實的方式上開始了根本上的轉變：個案成為專家，治療被視為社會建構的過程，治療師採取「不知」（not knowing）的方式。觀察者成為觀察系統的一部分，新的觀察方式就此展開；由於將觀察者和被觀察者的關係放在最

前面，客觀性和確定性的概念顯得虛幻，也因此能夠發現知識的主觀層面（Bocchi & Ceruti, 1985; Ceruti, 1994）。

傑出的建構主義理論家馮‧福斯特（Von Foerster）（1981）在著作《觀察系統》（*Observing Systems*）中，強調觀察者的主體性在系統中的重要性。他觀察到，對現實的每一種描述都是自我參照的，為了要獲得知識，我們必須從了解自己與世界的關係開始。這意味著，為了了解人際間的關係，觀察者進入現實時，是以整個自我（whole self）在觀察，因此觀察者所蒐集到資訊的品質，取決於他和觀察對象之間所建立的關係。治療師的工作是，觀察個體的感覺、解釋、詮釋，以及他們將意義與意圖歸因於自己的人際關係的方式。因此，治療關係成為一個雙方積極參與的理解與成長之歷程，創造一個對於家庭事件和關係意義的新敘述。最後，我們應該看到的是，有了這個觀察角度，治療師也可以決定與個案合作，因為這不會妨礙他的能力，他可以專注於自己也身處其中的更廣泛的關係系統。換句話說，個案系統可以是整個家庭，或是次系統（例如手足的次系統），或是單一成員。

斯特恩（Daniel N. Stern）是精神科醫師，也是精神分析師，透過**內隱知識**（implicit knowledge）和**互為主體意識**（inter-subjective consciousness）的研究，已經能夠將精神分析的概念和系統理論結合起來，填補兩者之間的鴻溝。他甚至不是家族治療師！他的一些陳述非常具有挑戰性，比如：他認為，行動是通往知識的主要道路，或是內隱知識在心理治療中至關重要等等，也因此與佛洛伊德學派的方法「使無意識加以意識化」有所牴觸。內隱關係知識的領域是非語言、非象徵、無法言喻及無意識的，由動作、情感模式、期望和認知

模組所組成。大部分我們對自己與他人關係的了解，包括移情，構成了這種內隱關係知識的一部分。內隱知識的概念，是系統－關係（systemic-relational）取向治療師根據經驗所留下的遺產，就像我自己實踐了四十多年的方法一樣。斯特恩提出的互為主體意識及在現在改寫過去的概念，有非凡的意義，也證實了我們長期以來直覺上的觀點，即家族治療就是**療癒的故事**。

第二章

家庭生命週期與多世代面向

　　每個家庭都呈現出自己獨特且複雜的時間結構，其中有著　　9
家庭個別成員的歷史，同時也交會著彼此的共同經驗與世代之
間的連結。時間，由過去、現在的發展軸線所組成，過去，
受到舊世代傳承下來的迷思與傳統所束縛；現在的生活，則
受到長輩的期待與價值觀所啟發，也受到新世代規畫未來的
影響。因此，家庭具有包含過去、現在、未來的生命歷程觀
點，因而有別於其他的社會團體。事實上，一對新組成的伴侶
代表的是兩個家族的交會，這兩個家族都有各自複雜的族譜根
源，對這個新形成的核心家庭的發展具有深遠的影響力。實際
上，這對伴侶的關係，不僅是由兩人共同經歷擇偶、追求、相
愛、承諾一起生活的事件所構成，也由兩個原生家庭的交織歷
史所構成。「現在」不僅留有過去的痕跡，也帶有描繪未來的
紋絡，即使大部分是處於隱微與內在的層次。因此，這個新家
庭進入了非常豐富的時間之流，在不同的發展階段中，出生與
死亡留下標記、持續轉換著，並在不同成員加入與離開這個家
庭系統的過程中，進入它獨特的生命週期。

家庭生命週期理論

　　有些作者將家庭生命週期（family life cycle）描述為
一個理論模型，把家庭的發展視為一種動力歷程，具有因
應特定發展階段而須有所改變及重新調整的特徵（Haley,

1973; Minuchin, 1974; Carter & McGoldrick, 1980, 1988; Walsh, 1982; Duval & Miller, 1985; Mattessich & Hill, 1987; Andolfi, Angelo & de Nichilo, 1989; Becvar, 2007; Andolfi & Mascellani, 2013）。家庭生命週期的各個階段，被認為是普世皆然，且以特定的重大事件做為標記：出生與死亡、分離與結合，以及任何家庭中的成員之加入與離開。上述所列的作者大致贊同的幾個主要轉換階段為：脫離原生家庭的單身成年期、形成伴侶關係、有年幼子女的家庭、有青少年子女的家庭、子女離家、親代伴侶關係的重新調整、親代的老年生活、擁有孫子女，以及最終的死亡。

依據卡特與麥戈德里克（Betty Carter & Monica McGoldrick, 1980, 1988）的看法，家庭生命週期的這些重要階段，因為可對應家庭系統的自然發展過程，所以也可視為家庭的**基本流程事件**（normative events）。這些流程事件是可預測且可預期的，但並不表示這些轉換是容易的，也不代表家庭的因應系統（coping system）在不同的家庭或是不同的文化和背景脈絡下，會有相同的功能運作方式。例如：小孩出生、青少年離家、年老父母過世，可能具有非常不同的意義，以及非常多樣的社會與家族儀式的特徵。其中的一些轉換階段，可能會對個別成員和家庭帶來許多壓力與痛苦。通常當家庭從一個階段轉換至下一個階段而遭遇困難時，就會需要治療的介入。

個人症狀，特別是發生在兒童與青少年身上的症狀，通常是家庭面臨需要重新調整角色與功能運作，尤其是在照顧與情感面向有所轉換的階段，所發出的複雜之明確訊號。舉例來說：對大多數的家庭來說，第一個孩子誕生是令人興奮的新

鮮事，同時，新手父母需要轉換原來的兩人親密關係，將孩子，這個第三者，納入他們的親密世界中；子女離家後，父母需要重新協調他們的情感樣態，在夫妻關係中找到可適應且成熟的新做法，以重新安排他們的生活。不過另一方面，我們也看到愈來愈多的離家成年子女，因疾病、關係問題、財務狀況，被迫回到父母的家，形成了**啃老族**（boomerang generation）或新的**回巢症候群**（crowded-nest syndrome）（Shaputis, 2003; Collins, Jordan & Coleman, 2007）。在年老父母／祖父母過世後，通常會有更大的轉變，每個家庭在處理這個可預期且重大的失落議題時，有著非常不同的態度。悲慟與哀悼並非平常該有的情緒反應，家庭也無法從書本中學習如何面對悲慟，然後繼續生活。有些家庭有機會獲得較多的資源與技巧，來應付出現危機的階段，其他家庭則把任何改變視為一種威脅而持續掙扎；有些人能從延伸家庭、朋友圈和社交系統中找到支持，有些人則會感到疏離且孤獨。

因此，這個生命週期模型讓治療師得以辨識家庭正經歷的階段，也能針對家庭從一個階段轉換至另一個階段的改變與重新調整，進行探討與評估。卡特與麥戈德里克（1988）及華許（Froma Walsh, 1982）認為，家庭處於轉換階段所產生的壓力，是整個家庭，而非個別成員，在承擔著多個世代轉變中的壓力與負荷。如果我們把他們的論點都納入考量，情況就會變得更複雜了。當第一代邁入年老，第二代正應付著空巢症候群（子女離家），第三代忙著成為大人、建立新的伴侶關係，而第四代，也就是新生兒的出生，正開始進入成為家庭系統新成員的歷程。這裡所描述的是傳統家庭的生命週期，在這樣的家庭中，夫妻保有婚姻關係，父母與子女的角色及

11

功能也有明確的定義。現代的家庭形式則包括繼親或重組家庭、單親家庭、跨文化家庭、移民家庭、收養家庭、同性家庭等，這些將在下一章說明。雖然這些家庭在組成、角色、功能運作上非常不同，仍能以相同的系統－發展架構（systemic-developmental framework）來理解。

在家庭生命週期理論剛被提出時，有些作者，諸如羅傑（Roy Rodger, 1973）及阿道司（Joan Aldous, 1990），對此理論有些評論，他們尤其挑戰**基本流程事件**與**非基本流程事件**（para-normative events）之間的區別。例如分居或離婚等現象，在現代就和終身婚姻一樣，相當普遍、在統計上同等重要，不能不歸類為正常家庭發展的範疇內，更不用說其他戲劇化、意外且不可預測的家庭事件，如長期疾病、突發意外的失落、移民、家人失散等等。在現實中，有哪個家庭不需要因應一些非預期且不順利的生活狀況呢？這些作者建議應當放棄「太過決斷」的家庭生命週期之概念，而採取更具動態的生活導向之概念，也就是羅傑所稱之**家庭生涯**（family career）。本書無意加入這場學術爭論，而是著力於描述多世代家庭的發展，並聚焦於對他們的生活有重大情緒影響的主要事件，以及他們面對危機與轉換時期的特有方式。

多世代家庭的敘事

一個人出生，往往被描述為一場投入虛空的冒險，不過這是不實之說。事實是，迎接我們的並非虛空，而是一道像似安全網般的網絡。出生，就像是被拋進一本人物與情節已經占滿篇幅的書本中；出生，就是自曝在部分規則已經寫定的現實裡。我們的存在將改變這些敘事的情節，甚至可能改變敘事的

結局，但我們永遠無法將自己隔絕於我們進入故事之前的章節之外，這些章節必然會影響我們，因為我們是他們的孩子。每個家庭的歷史都是複雜又獨特的編織體，由時序中相互依隨的個人故事、代間聯繫及共同的經驗所組成，與其說是隨著時間的推移而組成，更可說是在一代又一代的傳承之間所組成。與過去相比，儘管現代家庭可能凝聚力較低，但是家庭成員之間仍有著無形的牽繫，日復一日年復一年地，串連起過去、現在和未來，並將每個世代的歸屬感連結於獨特的族譜。如此一來，即使每個人都是自己個人歷史的創作者，但由於每個人生下來在家庭占有一席之地，因此仍不可免地參與著代間腳本的演出。家庭成員隱微地被期許要符合期待與角色，並或多或少在無意識中服從於那些主導世代間傳遞規範、價值觀和行為的歷程（Zuk & Boszormenyi-Nagy, 1969; Boszormenyi-Nagy & Spark, 1973; Bowen, 1978; Scabini & Marta, 1995; Andolfi & Mascellani, 2013）。

即使在為孩子命名的選擇上，也可能是回應世代期待、角色和文化規範。文化規範可能要求在出生順序或性別上要依據前幾輩長者的名字來命名，也可能是為了紀念好幾代中已故的家庭成員而重複命名，以彌補過去的缺憾或失落。這些做法有可能成為個體一生中巨大的負荷；有時，人們改換名字，就是為了試圖逃避或擺脫他們在出生時就灌注於名字裡的種種。處於失和對立的父母，有時會透過命名來表明孩子是屬於哪一方，例如：在我會見的印度父親與英國母親所組成的跨文化家庭中，長女的命名源自父親的名字，次女的命名則源自母親的名字，如此一來，兩位家長都表明有個孩子屬於自己的陣營；可悲的是，這也反映出這個家庭有東方與西方對峙的兩大

12

陣營。

　　在其他情況中，孩子也可能因為承受家庭迷思的沉重負擔後產生症狀，而接受治療，例如西羅（Ciro），一位因憂鬱症來接受治療的十五歲男孩。在探索西羅的家庭歷史時，我發現，西羅是在哥哥去世後出生的，而哥哥也叫西羅，是為了紀念備受尊崇、已逝的祖父，其在當地村鎮是非常重要的人物。這個名字經過第三次傳承後，帶給男孩巨大的負擔，他必須同時承擔祖父的英雄形象及家中長子去世後遺留下來的悲哀失落。

　　觀察三代家庭，會尊重一個事實：老一輩向年輕一代分享著一個循環不已的故事，在其中，每個人都必須面對普遍共有的人生大事。每個世代都要經歷關係性的變化，如：伴隨子女出生、喪偶、從青少年期轉換至成人期等等而來的變化。家族中的年長者已經經歷、克服了這些發展階段，並累積了經驗，提供更多資源傳承給新成立的家庭。依據前述舉例，我們必須問問自己，個人容有多少自由可以開展自己的道路，以及該如何運用前人的經驗與期待。

隱形的忠誠

　　在研究一些家庭不同世代間的某些事件之重複特性時，伊凡・納吉與史巴克（1973）注意到當中存在著非常容易辨識的代間互動模式。個人內化並遵守系統中未明示的規則，會發展出對系統的許多忠誠方式，而且會一代又一代傳遞下去，並且難以消除。對多世代敘事及其規則的忠誠與尊敬，會影響家庭中的每一段關係。原本照顧與關注子女的成年人，反過來成為孩子必須償還的一連串「債務」（debt）的債主。伊

13

凡‧納吉與史巴克認為，子女對父母的關係債，在短期間很難解除，並會形成跨世代連結的基礎。有時，即使子女長大成人、自組家庭之後，父母與子女間的「債務」關係仍然存在。在某些情況下，債務關係會在第三代出生，並以其做為回報第一代的付出而解除。婚姻關係代表著從原生家庭邁向個體化的決定性步伐，但有時，父母會將子女在新關係中對配偶的忠誠視為對自己的不忠誠。因此，世代間垂直面向的忠誠與伴侶間平行面向的忠誠形成交錯，在當中必須有所平衡，能在新與舊「任務」間有所調和，才不至於在不同面向之間產生衝突。伴侶關係正處於被他人傳承及傳承他人的交匯點，重要之處在於，隱形的忠誠並非必須貫徹履行，反之，要去挑戰它們。高夫（Jean Goff, 2001）、高登柏格與高登柏格（Herbert Goldenberg & Irene Goldenberg, 2008）針對伊凡‧納吉的脈絡治療理念提出了應用的概論。

翻轉個人權威

另一方面，威廉森（Donald Williamson, 1981, 1991）將個體化及解除代間債務關係的歷程稱為「翻轉個人權威」（the conquest of personal authority），這個歷程主要是個體努力地不向其他世代妥協。一個成年人唯有到達這種內在本質性的權威狀態，才能感知自己真正成熟，最後成為擁有良好自尊與自信的父母，在情感上不再倚靠原生家庭。依據威廉森的看法，為了達到完全的心理成熟狀態，自主與個人權威在代間動力的重新平衡上，至關重要，以避免讓上一代繼續握有賞罰的特權。父母的角色必須經過轉換歷程，從權威地位轉降到與成年子女平等的地位；成年子女的角色也必須轉換，唯有透過

挑戰自己為何需要減縮自我，發自內在地尊重父母的義務與責任，才能獲得更多的自主與自由。當然，在這個過程中，我們不能低估來自文化傳統與社會規則的壓力，這些壓力根植於許多文化，來自對老一輩人家的尊重／奉獻，往往使得成人子女面對年邁父母時或是戰戰兢兢或是百般順從。雖然伊凡・納吉堅持，償還代間債務，是化解隱形忠誠議題的唯一方法，但威廉森卻認為，後代能夠、也必須啟動這個轉換歷程，以終結世代間的壓迫。不過，唯有當年輕一輩的成年人不再害怕自由，勇敢地承擔起自己的責任，放下生活中依循父母引導的需求，轉換歷程才會發生。這個達到「我立場」（I position, Bowen, 1978）、而不再情緒性地依賴父母的複雜歷程，是一個漫長的過程，要到三十五到四十歲左右才能完成。

家庭文化的表達和手段：家庭迷思

即使我們並沒有直接或有意識地提及過往世代的歷史，它們仍會透過父母或祖父母的記憶、生活事件、社會傳統與儀式等等，將意義和價值觀傳遞給我們，使我們知道過去的關係與溝通模式，並在經年累月中傳遞給新的世代。因此，一個家庭的文化認同，是由家庭生命週期產生的價值觀與信念之系統所構成，往往被特定社會脈絡的規範和習俗所增強，並代代相傳，其作用在於說明與影響家庭角色（父親、母親、手足）的履行，以及因應重大的生活事件（死亡、分離、出生）。

事實上，家庭存在著家庭腳本（family script），其為對事件與現實的解讀，由至少三個世代經歷時間和文化而形成。家庭腳本是特定家庭迷思的展現，最初由費瑞拉（Antonio Ferreira, 1963）提出，後來也有其他作者著墨

（Byng-Hall, 1979, 1995; Whitaker & Keith, 1981; Falicov, 1983; Seltzer & Seltzer, 1983; Di Nicola, 1985, 1997; Carter & McGoldrick, 1988; Andolfi et al., 1989; Andolfi & Mascellani, 2013）。迷思（myth），成為解釋現實的基模（scheme），同時存有真實與幻想的元素，部分源自原生家庭，部分由目前的核心家庭所建構。個人與家庭的特定生活事件，特別是在關鍵階段時（出生、死亡、結婚、夫妻離異、慢性疾病、經濟危機、事故等），會引發強烈的情緒性反應及巨大的家庭張力，使每個家庭成員依據他或她在神話星座（mythical constellation）中的位置，承擔不同的角色與功能，迷思／神話（譯按：myth 有迷思或神話之意。這個概念的源頭是「神話星座」，意思是每個家庭成員會不知覺地進入星座位置及家庭腳本中，這樣的腳本往往帶著家庭傳承的那個「神話」〔譬如：男人比女人重要〕，影響家庭成員在許多生活事件中的行為與決定。這個概念，目前心理學比較常用的是「迷思」一詞，說明這是需要重新思考與挑戰的隱性家庭規則），因而成為意識層面的基質（Levi-Strauss, 1981; Lemaire, 1984），成為某些家庭成員聯盟的元素，以及對此深信不疑的人之凝聚力量。因此，迷思的產生，意指將一系列的真實事件與行為轉譯為大家都能接受的敘事，在這個敘事裡，每個人都能找到解讀自己日常經驗與生命意義的鑰匙，同時感覺自己與其他人有份共同參與感。讓我們來看一個例子。

馬可的故事

馬可（Marco）的例子，可以幫我們更清楚地了解家庭迷思和文化之間的關係。馬可是個放蕩、不婚的叔叔，活在當下，對金錢毫不在意，對自己不負責任的行為毫無痛癢。迷 15

思的產生，與一個家庭及文化脈絡的某個特定成員的特質和行為經年累月地被強化放大有關。因此，馬可這位迷思下的人物，無論眾人眼裡的他是不負責任或古里古怪，長期下來對家庭成員來說必定帶有某種意涵。依照這個家庭的迷思，馬可從不用懊悔或覺歉疚，日子過得開心，孩子氣，對金錢完全沒轍。他死後，他的形象充斥更多誇大的意涵。馬可生前居住的小村莊擴大解讀關於馬可的記憶，輕描淡寫地帶過他的不負責任行為，而合理化地認為，那些是他幼時因父親車禍身亡而頓然失落的反應。大家傳講著他那些敗壞性格的故事，比如：揮霍一大筆錢去賭博，或有個女人因為他的背叛而終身未嫁。

迷思就像寓言故事一樣，是由相互關聯的事件、人物、角色及象徵性內容所組成，而在循線追究某個主題或情節時，就能發現特別重要的組織元素（Andolfi et al., 1989）。馬可的故事源自於他真實的人生，也是一個基於事實與軼聞的集體敘事的產物，在整個小村莊引起共鳴，傳講了好幾個世代。然而，這個家庭故事不為人知的另一面是什麼呢？與馬可不同的是，眾人認為他的姊姊瑪麗亞（Maria）是一位自我犧牲、過度負責的長女，在非常貧窮、沒有父親的家庭中，照顧手足、擔任親職化角色。之後，她嫁給一個根本是馬可翻版的男人，同樣有著不成熟與不忠的行為。瑪麗亞一輩子都在照顧他人，先是彌補馬可個性造成的問題，接下來又是處理先生帶來的麻煩，孩子從她身上得到的明確訊息是，千萬別期待從男人身上得到什麼好處！事實上，在這個家庭後來的兩個世代中，所有女人都過度負責，為了家庭而犧牲自己；而這個家庭的大多數男人，則在就學時出現狀況，之後面臨失業，甚至涉及輕微犯罪。每位家庭成員都在互補性很強的家庭劇本中扮演

自己的角色，而「村莊的道德規範」更增強這個元素，既不容許女人和男人分開，也不接受背叛，更認為女人理應是男人的僕人，因為那是「正常的」。

接下來的段落將討論如何擺脫僵化角色與極具破壞性的家庭迷思，例如上段所述，以獲得自由。集體的迷思，除了使得某些文化傳統歷久不衰之外，也強烈地促進家庭成員間意識－情感（ideological-affective）的相互依賴。對個體來說，集體迷思意味著歸屬感增強，在保護性的架構中確保個體的獨特位置；對家庭來說，則意味著更易於聯繫的一種文化認同。然而，要做到這一點，並使迷思成為個體和家庭成長的資源，其成分就不能太過僵化，或是把迷思當成規範來運作。事實上，常出現的情況是，在家庭生命週期的轉換階段中，家庭迷思自然會受到一位或多位家庭成員的抨擊，表達出對不再令人滿意的歸屬關係的不安。有時，個人出現精神病理症狀，可能就是要求轉換及改造僵化家庭迷思的強烈訊號，例如：在馬可與他的家族裡，在接下來的幾個世代中，可能就會有女性厭倦了為男人作牛作馬，而出現重度憂鬱症或成為酒鬼，也可能有男性被終身監禁或遭受精神崩潰之苦，這些症狀都是要求家庭刻板角色與功能運作改變的訊號。無意識地被不健康的家庭迷思所綑綁，會導致極大的煩惱與痛苦，並為生存付出昂貴代價，這時需要透過治療加以鬆綁，好在家庭關係與功能運作中帶來全新且不同的動力。

16

揭開家庭的真相

有個家庭一直活在有個非常獨特父親的敘事腳本中：這位父親辛勤工作，但英年早逝，是個養活有九名子女大家庭

的英雄人物。他在子女都還年幼時就過世了。為子女著想的母親，藉由樹立這位獨特父親的形象，讓孩子保有對父親的記憶。就像在馬可的案例中，這樣家庭出身的女人會十分負責，相反地，男人則傾向過於依賴且不成熟，工作時狀況連連，且在生活中出現暴力與行為不當問題。這個家庭來接受治療的原因在於，年約二十歲的么子嗑藥、出現邊緣性人格的問題。在治療期間，母親終於說出真相，她請所有成年子女回家，淚眼婆娑中承認他們的父親並不是她口中說的「英雄」，相反地，從他們的婚姻一開始，父親就非常不可靠，賭輸了很多錢，是她努力工作來維繫家庭的完整，並撫養子女長大。這位母親戲劇化且勇敢的揭露所帶來的正面效應，可從下一次的會談中，她的子女全新不同的表情看得出來。他們終於知道關於父親的真相，更能理解母親圓了這麼久的謊言。他們沒有因母親編造且加諸於他們生命的謊言感到憤怒，而是從強加的刻板印象——負責任的女人與失敗的男人——中得以解脫而感到寬慰。子女們最後體認到母親的犧牲與勇氣，獨力養大九名子女，照料他們所有的需要。揭開家庭迷思，使人從隱微且強加的刻板角色中得以解脫，每個家庭成員都從母親的坦誠中重新理解事實。對這位母親來說，她能放下巨大的重擔，對自己及子女展現出全新不同的尊重；兄弟姊妹再次團結，一起支持他們的么弟。從那時起，他們的么弟開始有了明顯進步。

自我分化

　　鮑文的家庭系統理論，是最早探討跨世代之家庭發展功能運作的理論之一，在他的開創性著作《家族治療臨床實務》（*Family Therapy in Clinical Practice*, 1978）及其他人的著作

中（Andolfi, 1979; Kerr & Bowen, 1988; Papero, 1990; Innes, 1996; Rasheed, Rasheed & Marley, 2011），都有很清楚的說明。三十多年來，鮑文的理論對美國的家族治療運動有著重要影響，他在華府喬治城大學所發展的多世代家庭功能運作之模式，至今仍運用於理論學習及研究中，並且在歐洲及世界其他地方得到擴展及深入探討。依據鮑文的說法，在短短一百五十至兩百年的時間裡，一個個體是由六十四到一百二十八個家人所繁衍出的後代，並且每個家人都傳遞了一些東西給這個個體。透過各種被我們的情緒系統所影響的迷思、傳說、忠誠、記憶、他人意見，我們經常很難對個人的自我有所認知。鮑文追溯久遠的世代，重建家族歷史，在過去找到線索並與現在有所連結，這在治療師當中可說是空前絕後的創舉。他的研究聚焦於個人及其歷史，致力於將個體從他所稱的符合完全融合狀態之「家庭自我團」（ego family mass。〔譯按：鮑文所講的是 family ego mass，與本書的用詞不同，可能是作者筆誤〕）中進行個體化。

　　鮑文出身美國田納西州鄉村中產家庭，身為家中長子，有四個手足，於一九三七年取得醫學博士學位。在二次大戰中擔任軍醫的經驗，引起他對精神醫學的興趣。戰爭結束後，他在位於堪薩斯州托比卡市（Topeka）的梅靈格精神分析學院（Menninger Clinic），為患有思覺失調症的孩童及其母親進行治療。一九五四年，他轉任華府的國家心理衛生研究院（the National Institute of Mental Health），進行以整個家庭為主的治療工作。鮑文針對母子成對關係的工作經驗使他體認到，成對關係只是三角關係中的兩角而已，即使父親這個第三角缺席了或是情感疏離，仍需納入家庭動力的觀察中。鮑文將

三角關係描述為最小且穩定的關係（Kerr & Bowen, 1988）。所謂的「三角化」（Triangling）指的是（他從來沒用過三角化關係〔triangulation〕，此詞後來在米紐慶的結構取向裡出現），當易受牽連的第三者在成對關係中選邊站，或是吸納了焦慮，使得關係中無可避免的焦慮得以緩解（Guerin, Fogarty, Fay & Kautto, 1996）。

　　鮑文將工作重點放在家庭發展出來用以減緩焦慮的模式。焦慮之所以產生的關鍵因素在於，關係中的情感過於緊密或太過疏離。鮑文從這裡發展出由原生家庭進行自我分化（differentiation of self）的概念，這是他的理論之核心基礎，意指家庭內高度的情緒融合，會阻礙個體在與他人互動時感知完整的自我。而他所謂的分化指的是持續進行自我界定與個體化之分離歷程。然而，這個歷程無法在伴侶或核心家庭成員的當前關係中發生，必須回到各自的原生家庭進行，以使個體在開放與彈性的關係系統中獲得自由與覺察。分化，是個體持續一生之久的功課，自然無法免於干擾與阻礙，也會受到幾種因素的影響，例如：核心家庭的情緒壓力與焦慮，核心家庭又受到原生家庭情緒疏離／融合的程度，以及成熟／不成熟的代間傳遞歷程所影響。「原生家庭」這個概念之所以能成為伴侶或家庭工作的資源，源於一種信念，亦即跨世代驅力對當前關係具有重要的影響力。

　　鮑文採用**教練**（coaching）一詞來描述他對求助家庭進行治療或督導學生的工作方式。在這兩種情境中，鮑文通常會收集詳盡的家系圖（family genogram）資料，並與個案或學生討論「回家」的具體做法。他闡明，這是必須投入許多時間的任務，這份努力能讓人成為更好的觀察者，更了解家庭，降低

18

情緒性反應（emotional reactivity），進而協助他們成為更佳的觀察者（Bowen, 1978）。返家，不僅為個體帶來兩個世代間的和解，也能讓個體以不同且更具成熟覺察能力的自我，去經驗生命中最重要的關係（Andolfi, 2002）。透過建構「自我分化量尺」（a scale of differentiation）這個概念，鮑文將情緒涉入家庭的不同程度，設定為從極度融合到完全自我分化的連續光譜。在量尺最低分的區間內，我們發現這些人都處於與家庭自我團相當融合的位置來運作功能，終其一生，他們尋求的是依存緊密的連結，從中獲得功能運作時需要的力量。而完全的情緒成熟，對應的是完全的自我分化，在此區間的人們擁有最高程度的情緒功能運作，有能力與原生家庭建立既分化又能維繫情感的良好關係，這對其核心家庭也會有助益。不過，這種高度自我分化的個體，無論在治療情境或社交場合中都是很少見的。

情緒切割

在歸屬（belonging）與分離（separation）之間尋求平衡，是人一生中最艱難的歷程，而且，遺憾的是，不盡然都能成功。我們總是不斷地陷入不滿意、強迫性重複的關係模式中。歸屬與分離，代表的是兩種情緒立場，是邁向分化目標必要的元素。不論是親子或伴侶關係，歸屬與分離是和諧情感關係中兩大重要的情緒動力特徵。但是，歸屬與分離很少用階段論來理解，而是在經驗上彼此互斥的概念：當我們有所歸屬，就難以分離；當我們分離，就必須放棄歸屬。如果融合（fusion）被定義為歸屬、且不容許分離，那麼，情緒切割（emotional cutoff）便代表了同樣有問題的另一個極端：一個

19

人從家庭與情感連繫中突然、通常帶有衝突的身體及／或情緒上的疏遠（Bowen, 1978）。這是家庭中出現一位或多位成員嚴重疏離的狀況，以「保護」他們不受「未竟事宜」帶來的威脅，也免於在非常重要的家庭與文化聯繫裡經驗到失去連結的感受。這種關係型態是關係心理學的核心觀點，會使人在成人期時有情緒不完整的感覺，並陷入發展性的僵局，其所產生的不適與抑鬱狀態，不僅出現在個體內在，也會出現在伴侶及親子關係中。情緒切割經常來自一種幻想，以為只要離家了，並與原生家庭切斷所有聯繫，就可以獨立自主；事實上剛好相反，像逃犯一樣遠離家庭的離家者，與原生家庭懸而未決的議題會造成更大負擔，且無意識地在其他關係中不斷重複，迫使他尋求補償以填補空虛、麻痺痛苦。

如今，世界各地的移居家庭愈來愈多，這些家庭與他們的原生家庭和社會淵源出現部分情緒切割，有時是完全情緒切割，這樣的狀況更加顯著，親代關係與人際友誼因而在關係中經常存在著不安。這也促使一些治療師先驅（Minuchin, Montalvo, Rosman & Schumer, 1967; Andolfi, 1979; Falicov, 1983; Di Nicola, 1985, 1997; Sluzki, 1992; Mollica, 2006）探討文化家族治療（cultural family therapy），其焦點更集中在家庭斷裂與情緒切割的社會與文化因素。要完成分化的歷程，並達到鮑文所稱「我立場」（I position）的狀態（1978），個體需要進入成年階段，透過處理失落及創傷，並讓自己與延伸家庭（extended family）成員之間的衝突浮上檯面，才能與過去重新連結，重新和解。

代間壓迫及成人兒童

成人兒童（chronic child）一詞是描述始終停留在孩童位置、從未在家庭中承擔成熟角色的成年人，情緒上依賴父母或伴侶，有時甚至依賴兄姊（Andolfi, 2003; Andolfi, Falcucci, Mascellani, Santona & Sciamplicotti, 2007）。在我的臨床經驗中，我發現一系列的失功能關係模式，尤其在伴侶關係的動力中，當一方扮演的是母親／父親的角色，另一方的情緒狀態就會閉鎖在較年幼的發展階段。這種無法以成人立場承擔完整責任的不成熟狀態，似乎與個體在原生家庭中無法／無能向父母捍衛自己立場有直接的關聯。

這個概念與威廉森所稱之「代間壓迫」（inter-generational intimidation）十分接近，其抑制了個體達到完整心理成熟狀態所需要的個人權威的歷程。他認為在家庭生命週期中會有某個特定的階段，主要目的是透過建立更平等的位階，來克服父母－成人子女關係中權威層級之限制。通常，與這個議題有關的生活事件與家庭迷思會影響個體情緒成長的歷程，他們可能在社會領域成為稱職且受尊敬的專業人士，但在父母與家人面前仍維持著依賴孩童的樣態。儘管這種依賴關係是一種循環互動，不過，要轉變這種關係的動力，成年子女必須採取真誠且積極的作為，上一代才會慢慢地理解、尊重。當父母要打破這個依賴關係時，很有可能被視為遺棄，不過與此同時，當年輕子女提出權力的重新分配，將引領他邁向真正的成熟，並成為超越孩子姿態的證據。事實上，成熟意味著不再需要父母（Williamson, 1981; Lawson, 2011）。父母見證子女能夠邁向成熟歷程，自然而然會開始發展出不同的關係，一種

20

更親密又平等的關係。

　　與父母建立對等關係，讓成年子女更能體會父母的人性，並認識父母擔任親職角色背後的個人樣貌。這個重要經驗能創造世代間的平等關係，並化解代間壓迫（Bray, Williamson & Malone, 1986）。達成這個目標，將為成年子女在伴侶關係、親職與專業角色帶來絕佳優勢。許多夫妻因為無法保有自己的空間不受各自原生家庭的干擾，關係因此惡化。即使父母中任何一位的干擾破壞了夫妻的關係，也是因為成年子女本身過於依賴父母，無法有效地將原生家庭造成的干預隔絕開來。因此，成年子女最後必須決定父母在自己人生中所扮演的角色，如何、為何需要父母的介入、還需要維持孩童位置的程度有多少，以及他們是否願意承擔風險以面對新的角色及挑戰。

以成年子女的姿態邁向未來

　　喬凡尼（Giovanni）與蘿拉（Laura）是一對中年夫妻，他們來尋求治療時，已經到了面臨分居的地步，原因是喬凡尼的老母親持續要求幫忙及協助，而他似乎無法在情感上有所區隔。為了理解這對夫妻所面臨的問題，有必要探索喬凡尼的早期生活。喬凡尼在義大利一個小村莊長大，當地在二次大戰後經歷大規模的人口遷移。喬凡尼的父親到比利時的礦場工作，寄錢給年輕的妻子與孩子。小喬凡尼是獨子，母親要求非常嚴格，有一個缺席、卻非常重要的父親，因為為家犧牲奉獻而受到尊敬且被理想化。父親會寄錢回家，所以喬凡尼得以上學，最後成為醫師。有許多年，這個家庭的「真正伴侶」其實是由母親與孩子所組成，他們建立了相互忠誠且緊密連結的關係系統，即使喬凡尼離家之後，搬到大都市，娶了蘿拉，她也

是一位忙碌且受尊敬的專業人士，這個關係從來沒有重新調整過。喬凡尼的母親瑪莉亞，從來沒有放開她和兒子的情感連結。喬凡尼始終停留在母親的年幼兒子的位置上，母親會為了各種健康上的小問題，要求他以醫師身分給予協助。喬凡尼的住處與母親家約有兩小時車程的距離，對於母親任何輕微發燒、頭痛、心律不整，他總是「隨傳隨到」，他是母親生病時的僕人，隨時待命。

蘿拉已經厭倦這種情況，而他仍舊無法拒絕母親，她於是給了丈夫最後通牒，威脅要離開他，因此身陷嚴重婚姻危機的他們前來接受治療。在提出請瑪莉亞也出席的特別會談之前，我們一起工作了好幾個月。在那次會談中，喬凡尼終於鼓起勇氣告訴母親，他始終愛她並尊敬她，她在他的生命中非常重要，但現在，他要將他的人生拿回來，照顧自己、挽救即將崩解的婚姻。這段讓人痛苦卻又解放的溝通最後，他跟母親說，從現在開始，他不會再以醫師的身分去看她，因為村中有她的家庭醫師，他沒有必要在場。這是他邁向成熟的宣言，一種「成年兒子的畢業禮」。令人驚訝的是，在他說話的時候，母親始終注視著他的眼睛，她在這個特殊的親密時刻感受到兒子的痛苦與關注，並深情地擁抱他。自從接受治療以來，因為喬凡尼終於放手一搏，也因為喬凡尼向她傳送了婚姻和解的含蓄信息，這是蘿拉第一次視喬凡尼為她的丈夫般地尊重他。

第三章

社會轉變及新的家庭型態

　　人類歷史呈現出無窮無盡的組織方式，也為繁殖與性、個　　
人與團體間的同盟（alliance）賦予了意義，家庭因此有了無
限多種的建立方式。社會學、人口統計學及心理學的研究已
經清楚地界定，家庭模式的範疇一直是以人類社會為特點，
強調家庭如何擁有不同的功能和結構，並透過不同的經濟系
統來支持並滋養自己。從農村時期的父系家庭（patriarchal
family），過渡到經濟獨立、自給自足，再轉變為工業時代的
核心家庭（nuclear family），便是這種變化的重要例子。過
去的五十年間，家庭在架構、人口結構，以及內部和社會角色
上，經歷了徹底的轉變，逐漸變得更複雜，擁有更多的差異
性，甚至有更多戲劇性的分裂，如今，因此更難將家庭視為
一個標準單位。我們要面對的是哥洛勃克（Susan Golombok,
2015）所描述的現代家庭（modern families），現代家庭具有
多樣化的結構，特點是家庭結構日益複雜，以及漸進分化。不
過，儘管家庭的脆弱性、不確定性和不穩定性增加了，家庭仍
然建立於強大的世代間連結（因為現在人類較為長壽，可以延
續超過四代），分享著價值觀、愛、關懷以及良善，孩子也得
以在其中成長。

　　家庭與它的組成，可能會隨著普遍的主流成對關係而有很
大的不同。在前工業社會裡，以及東方社會以強烈家族傳統為
特點的文化，焦點是在父母－孩子的關係上；而在經濟發展進

步的國家，則將伴侶關係視為家庭的核心單位。雙薪家庭和平等的伴侶關係，已經取代過去舊有僵化、階級制度的家庭模式——專制的男人和打理家庭的女人，經濟和社會權利的不平衡，影響著家庭生活的品質。前一章描述了「傳統」家庭的生活週期，這一章則將焦點放在其他的家庭結構，描述這些家庭的主要特質和關係品質。儘管家庭型態不同，相同的多世代架構及系統發展的取向，依舊能夠適用於理解與治療家庭上。

離婚與單親家庭中的孩子

事實上，單親家庭（single-parent families）並不罕見。單一親職在過去歷史上，常常是因為死亡或戰爭造成很高的父母死亡率，或因為未婚生子所致。現今社會中，單親家庭比較是因為離婚率增加了。單親父母通常是孩子的主要照顧者，也就是大多數時間都與孩子居住一起的人。普遍來說，母親是主要的照顧者，即使這個現象在近年來有所轉變，許多父親積極地扮演「家庭主夫」，愈來愈多的母親回到工作場域。此外，共同監護也讓許多父親與孩子的連結更緊密了（McLanahan & Carlson, 2004；Ahrons, 2007）。

單親媽媽面臨更大危機，尤其身處不利的社會經濟情境下，可能因為勞工市場的低下地位，以及獨自養育孩子所面臨的排山倒海的責任，此外，也會因為沒有工作或父親的缺席，經濟和情感上都毫無所託（Amato, 2000）。經歷父母離婚的孩子數量不可小覷，在不久的將來，可能會與雙親仍一起生活的孩子一樣多。基於這個現象的重要性（關於這個主題有大量的文獻參考），我們不能低估失去家庭的完整與和諧對孩子所造成的傷害。理想上，家庭的完整與和諧，是孩子能健康

且快樂成長的最佳條件；幸運的是，孩子即使在非常艱困的情境下，依舊有堅韌的能力，並且有能力尋找愛和關懷。孩子從不喜歡看見父母分開，但若是父母水火不容，對孩子來說是更糟糕的事，因為父母無法處理婚姻之間無解的衝突，孩子可能被捲入其中而形成三角關係或由家庭中分裂出去。

在單親家庭中，父親或母親可能仍因離異感到受傷或難過，此時孩子會開始扮演有支持能力的成人角色。我們常常低估了孩子對父母保護欲和照顧，即使是年紀非常小的孩子亦然，尤其是當他們感受到父母的痛苦和孤寂的時候。從這個意義上來看，某種程度上，單親家庭的孩子扮演照顧父母的角色是有益的，但若是演變為長期讓孩子負起照顧的角色和功能，而導致角色轉換（role reversal），對孩子來說可能會造成非常大的傷害（Blau,1993; Whiteman, 1993; Andolfi & Mascellani, 2013）。諮商和心理治療可以從父母的延伸家庭啟動正向的資源和支持，較為年長、擁有更成熟經驗的家庭成員，或許可以幫助「親職化兒童」（parental child）由照顧父母的需要中解放出來。在這樣的情況下，因為孩子出現心身、關係或行為的症狀，或是父母出現憂鬱或焦慮症狀，可能需要治療的介入。症狀是不適關係的重要指標，可以引導治療師看見家庭的開放性傷口，像是還在隱隱作痛、具有敵意的分離、孩子生命裡父母其中一方的缺席，或是手足間的對抗或競爭。

通常，治療師會忘記考量不再居住於同一屋簷下的人，忽略了重新連結缺席／疏離父母的重要性。當然，如果伴侶已經離婚，就不適合把他們當作還住在一起般地與整個家庭工作。在這樣的狀況下，治療師會與單親父或母和孩子見面，但

26

也會在其他會談時間交替地與另一位父或母和孩子見面，有時候則單獨與孩子會談。認為邀請沒有孩子監護權的父母不重要，是以「非系統」（non-systemic）的方式在看待家庭。即使是長期忽略自己孩子的父親，都應該有機會與孩子重新連結並學習照顧孩子（Aquilino, 2006）。藉由擴大架構，可以幫助被捲入父母三角關係的孩子停止選邊站，並重新創造手足間的連結。在這個平行的歷程結束時，可以提議父母與孩子共同進行一次會談（joint meeting），以評估治療的進展，包括症狀的改善，並肯定所有人為一起合作所做的努力（Andolfi & Mascellani,2013）。

繼親和混合家庭

隨著全世界的伴侶分居和離婚的增加，混合家庭（blended families）的數量已經快要與傳統家庭相同了。然而，居住在一起，形成混合的新家庭，包括繼親一方或雙方前一段關係的孩子及雙方共同的孩子，這樣的歷程很少進展順利。根據許多作者所描述的，這是非常具有挑戰的經驗（Visher & Visher, 1991；Bray & Kelly, 1998；Nelson, Erwin & Glenn, 1997；Steward, 2005；Goldscheider & Sassler, 2006；Michaels, 2006；Greeff & Toit, 2009；King, 2009；Papernow, 2009；Lambert, 2010）。我們需要考量一些混合家庭所需要面對的主要議題，幫助家庭創造穩固的基礎，成功地一起生活。

完成分離／離婚的需要

父母雙方需要在情感及經濟層面上和前一段婚姻徹底劃清

界線，度過痛苦的分離時期，不將任何未竟事宜帶入新的關係中。前一段婚姻中的孩子必須努力度過並接納家庭的分離，以及分離帶來的所有結果，而不急於進入一個新的家庭層面。讓孩子知道婚姻中的分離是公平的，不讓孩子陷入「贏家與輸家」（winners and losers）模式中。孩子們有很強烈的系統公正性，無法忍受不公平的結束或沉重的三角關係，因此會選邊站，並且打破手足間的聯盟。在父或母親死亡的情況下，另一位家長再婚，可能會引發孩子尚未處理的悲傷，而孩子需要空間和時間哀傷，不被勉強急於進入並接受新的生命安排（life configuration）。

優先忠誠及手足競爭

兩個成人第一次結婚時可以自由地選擇，而當他們決定再婚時，就必須得到孩子的允許。事實上，父母相當清楚，若是孩子不認可或是對這位家庭新成員沒有正向態度的話，他們的新生活很有可能成為惡夢。通常再婚母親會非常謹慎，並且非常保護孩子，不讓新伴侶訓誡或直接管教孩子，至少在關係的前幾年。她們對於自己孩子的忠誠度可能會產生偏袒的情況，或者另一個極端情況是，她們可能會給予繼子女過度的關愛及關注。手足變多，可能是非常有益的，但有時手足間也會產生嫉妒、競爭，以獲得更多的愛及關注，尤其是再婚父母生了孩子，這個孩子也有可能因為年紀最小，而享有特權。

讓所有父母參與

孩子若能與親生父母雙方維持聯繫，便能夠在混合家庭中適應得較好。因此，所有的父母都參與進來，並努力成為親職

夥伴關係（parenting partnership）是很重要的。男孩們常常會很難接受混合家庭中的新父親，尤其當他們長時間生活在缺乏親生父親的單親家庭中，心中仍暗自希望父母能夠重修舊好。他們希望親生父親能回到家庭，而不是接受新的外來者繼父，繼父需要謹慎以待，不要侵擾孩子脆弱的情緒空間，而且要適應孩子的步調。每個孩子都不同，他們也會讓大人知道他們與人連結時所需要的快慢程度。害羞、內向的孩子需要大人慢慢來，給他們時間和大人變熟、贏得他們的信任。

在混合家庭中維持婚姻的連結

幫助孩子適應、設立界限，以及分擔親職的責任，無庸置疑需要很大的力氣，但為了建立一個奠基於互相愛惜及照顧的穩固婚姻連結，卻是不可缺少的。這基本上對所有人都是有益的，包括孩子。如果孩子們看到父母之間的愛、尊重及開放的溝通，他們會感受到更多的安全感，甚至學習模仿這些關係品質。

單人家庭

愈來愈多的單人家庭，也就是獨居的人，進一步表現了家庭組織和分裂的轉變。年輕人可以獨自居住一段時間，但是成人可能會選擇將此當做一種生活方式。他們可能會有很多的朋友和情感關係，但不會分享日常生活，或居住同一個屋簷下給予承諾。在其他的情況中，選擇單身可能是因為在形成穩定、親密的關係上有困難，或可能暗示著有很深的寂寞和孤獨感。曾經結婚又離婚的成人會獨自居住一段時間，不是因為沒有選擇，而是因為恐懼在新的伴侶經驗中再一次失敗。從這個

意義上來說，女性傾向單身較長的時間，男性則渴望快點進入下一段婚姻中。在我們臨床經驗的觀察中，當男性太快重新進入一段新的伴侶關係中，他們正值青少年期的孩子便會抗議或蓄意破壞這段新的關係，因為他們將此視為對母親或對自己的背叛，這樣的情形並不罕見。失去伴侶、獨自居住的年長者屬於另一類的單人家庭，他們可能會傾向活在多年的婚姻、回想昔日生活的記憶中，而非當下、現在。在一些情況中，他們會否認已經失去摯愛的伴侶，相信他們還活著，生命中沒有任何的改變。將這些情況描述為單人家庭，是將他們勾勒為真正家庭的最好方式，意味著他們家庭的多世代結構依然存在，情感上與老一輩（原生家庭）和年輕一代（孩子、孫子）仍有所連繫。因此單身應該是一個動態的家庭層面，當治療師需要介入患有焦慮、憂鬱、孤獨、悲傷、心身症狀，或甚至心理疾病的獨居個體時，活化延伸家庭的資源是最好的治療方式。治療師可以邀請延伸家庭的家庭成員進入會談，以重新連結、重新創造情感的同盟和關係，也一起哀悼重大的失落。若是他們不能出席會談，也能藉由一系列的活動與儀式，以象徵方式參與，這一部分容後再敘。

同居關係與他們的家庭

　　同居關係（de facto relationship）一詞用於描述沒有法律上的婚姻關係，而居住在一起的同性或異性伴侶。同居伴侶通常與有婚姻關係的父母遵循相同規則，有著父母的責任和義務。在過去的幾十年中，同居伴侶的增加顯示了婚姻制度的危機，但絕對不是伴侶關係的危機。年輕人找工作的困難、租賃的高花費，以及愈來愈多人想要追求更多教育機會，可能是延

29

遲進入婚姻許下承諾的原因，但這些原因很難為這個現象提供完整、全面的解釋。愈來愈多伴侶即使決定要生孩子，仍選擇不走入婚姻制度中，這可以解釋結婚率的下降。前一段婚姻失敗，也可能讓新的伴侶選擇同居，等待前一段婚姻的牽絆告一段落，或是因為恐懼再一次在婚姻中失敗，都可能是鼓勵這些男女選擇同居，而非再婚的因素（Roussel, 1989）。同居關係也可能在孩子到來時，基於延伸家庭的期待，或是為下一代提供較好的保障時，而轉變為正式的婚姻關係。最終，我們必須承認很難找到如此選擇的「原因」，尤其是在異性戀伴侶關係裡，無法不將激進的社會轉變、生活型態的改變及個人的優先順序納入考量。世界上許多地方依然不承認同性婚姻，因而同性伴侶的關係會依循不同的準則。這些議題將會於本章後段進行探討。

收養家庭

「我們想要一個孩子，可以將他抱在懷裡，如果他還小的話，他不會記得他的過去。」

「他讓我們很失望，他不知道我們為他做了什麼，我們無法繼續收養他，他為我們的婚姻帶來危機。」

「我們對收養孩子有很多的想法，我們覺得我們應該是好父母，雖然可能會遇到困難，但我們會有能力應對的。」

「我長大後，我會帶著許多禮物回到我的國家，送禮物給每一個人。」

「我的養父母給了某個人一些東西，也許他們把

我賣掉了。」

　　「我的媽媽可能已經不在智利的聖地牙哥了，警
察把她帶走，所以她找不到我。她一定很痛苦，他們
害她離我遠去。」

　　這些簡短、感人卻又矛盾的句子，捕捉到一些養父母面臨
的困境，也表達了那些經歷被拋棄、開始新生活，且通常身
處世界上另一處的的孩子心中的恐懼。在最發達的工業化國
家中，收養孩子的現象因不孕率增加而與日俱增。收養家庭
（adoptive families）的某些特點，與其他類型的家庭因此有
所不同。

　　理想上，家中有孩子誕生了，代表父母雙方達成了共享及
延續自己血緣的欲望。對於收養家庭和養子女來說，這段歷程
複雜許多，父母與孩子都會經驗深層的失落感。伴侶因為沒有
生育能力感覺挫敗，甚至因為無法透過試管成功受孕，挫敗感
更深刻。對孩子來說，在被收養前，經驗到的是遭親生父母忽
略或是拋棄的痛苦經驗，其中更伴隨著連根拔起的孩子的文化
背景、語言及價值觀。

　　成功的收養歷程是，孩子即使帶著先前經驗的包袱，也覺
得自己是受歡迎的、被愛的；從被拋棄的創傷到生活事件的回
憶，以及與重要成人、手足和同儕團體間的關係（在寄養家庭
中的經驗、兒童之家、機構或醫療體系中逐漸形成的）。另一
方面，新的父母親在承受長期的痛苦和失望後，終於能擁有自
己的孩子，他們因為夢想完成而感到快樂及高興。當然，成功
的收養需要許多重要的因素，首先，伴侶在歷程中共同的動
機，伴侶雙方並不總是準備好或是都願意收養孩子，想要開

30

始新的家庭生活。其次，藉由伴侶雙方的和諧程度及相互支持，並透過避免讓「新來的人」捲入具有破壞性的婚姻衝突中，能夠為孩子創造正向的環境。更重要的是，伴侶應該勇於面對無法擁有親生孩子帶來的失落，以及先前嘗試擁有卻不可得的感受，否則，收養的孩子可能要承受風險，換句話說，被迫填滿養父母生活中有所缺口的情感，而不能帶著自主意識，自由地長大。

此外，不是只有收養兒童需要學習適應新的父母。當她／他進入了新的家庭，延伸家庭的成員也需要因應新成員到來，學習調整自己的角色和關係模式，因為他們的支持和關懷，對孩子的健康來說是很重要的。家庭的收養經驗仰賴一些因素，像是孩子的原生家庭，以及在寄養機構的早期經驗、伴侶無法生育的議題，以及父母與收養孩子的第一次相遇（蜜月期〔the honeymoon phase〕）（Jewett, 1978; Brodzinky & Schechter, 1993; Van Guiden & Bartls-Rabb, 1993; D'Andrea, 2001; Sykes, 2001; Brodzinky & Palacio, 2005; Chistolini, 2010; Andolfi & Mascellani, 2013）。青少年階段可以見證收養歷程有多成功。許多在收養歷程中的議題，會在青少年時重新出現：由早期被拋棄的經驗，到養父母收養動機與照顧的真實性，以及收養孩子在適應延伸家庭、學校及同儕團體等方面的社會成就。

充滿災難的嘉年華

在治療中，我們常可以看到養子女對父母（一方或雙方）或手足出現暴力行為，家人憂心又困惑不已，因為這些行為既出乎意料，也與他們在兒童時期相對冷靜的表現大相逕庭。有

31

次在一個會談中，一位媽媽將長袖拉起來，露出手臂上一大塊帶著血絲的紅腫部位：她十二歲的女兒，沒有任何原因地，很用力地咬了她非常多次。與這個家庭工作時，我發現父母是從法國到巴西收養了兩個女孩，就好像他們是去那邊「買了輛新車」一般，他們幾乎不尊重女孩們過去的生命經驗。當孩子在家中出現讓人沮喪的舉措時，父母就會提醒她們，是他們救了她們的命，還告訴她們，她們不過是巴西嘉年華帶來的產物（嘉年華時，人們失去自制力，許多女人因此懷孕，許多嬰兒出生被丟棄在街上）！這兩個年輕的女孩在法國的富裕家庭中長大，並進入私立學校就讀。然而，她們從未感覺被愛，或是父母真的為他們著想。她們也被捲入強烈、無法解決的婚姻衝突中，被迫選擇父母其中一方，以對抗另一方，並且常常受到威脅，父母揚言如果她們不乖一點，就會被送走。被收養青少年的憤怒和暴力行為，尤其是跨種族的收養，經常反應了未說出的衝突，以及對過去的恐懼，同時這些行為也是對不安和絕望情境的強大信號，就像剛剛所描述的案例一樣（Simon & Altstein, 2002; Boss, 2006）。沒有愛與關懷的收養行徑，可能會導致父母情緒虐待，缺乏對他們脆弱的孩子的尊重，這些被收養的孩子也會接收父母先前因懷孕不成、婚姻失敗等，無能為力又挫折沮喪的感受。

跨文化及移民家庭

　　由不同種族、民族及宗教背景的人們所組成的伴侶關係，是幾個世紀以來移民的主要結果。跨文化伴侶及他們的家庭，是逐漸增加的一種家庭形態，在現今世界中愈來愈顯著。

跨國伴侶

　　首先，本節簡短描述的伴侶組合是，伴侶一方住在自己的國家，另一方則是後來來到這個國家居住。之後則將聚焦在較為常見的現象是，伴侶雙方皆為移民，並且在新的居住地建立家庭。這樣組合的其中一個好處在於，彼此能夠接受雙方的多樣性：跨文化伴侶既生活在差異中，也培養著差異性。差異存在許多層面：語言、文化、宗教、身體、情緒、口語及非口語溝通。起初，是多樣性本身，有時候被文化刻板印象放大，讓兩人相互吸引（Andolfi, Mascellani & Santona, 2011）。長期以來，選擇和自己不同國籍的伴侶，一直被視為是拒絕自己文化群體規則與價值觀的徵兆。無疑地，選擇和自己不同國籍的伴侶，也會很容易被原生家庭解讀為一種對自己根源的背叛和拒絕。在某些層面上，也可能被形容為一種情緒的切斷（emotional disconnection），導致做出一個和父母及社群完全相反的選擇，為的是嘗試獨立，並拿回自主選擇的能力。

　　因此，跨國伴侶（mixed families）常會面對原生家庭的反對，尤其在一些文化群體下更是困難，因為這些群體關係通常很緊密，而且非常保護他們的傳統及價值系統。舉例來說，即使是現在，在許多國家，仍有婚姻是刻意安排的，由父母為孩子選擇伴侶。在極端的例子中，父母會徹底拒絕跨國婚姻（mixed marriage），導致世代的疏離，失去彼此間的連結。湯瑪斯（Volker Thomas）、凱瑞斯（Terri Karis）和威區勒（Joseph Wetchler）（2003）就做過非常有趣的跨種族伴侶研究。

　　與跨國婚姻有關的社會刻板印象及偏見，會在個人及關係層次上形成很大的困難。孩子出生可以是與祖父母重新連結的

機會，也可能造成更為緊張的關係，特別是對父母來說。與那些擁有相同文化和種族背景的父母相較之下，跨文化的父母在照顧及撫養孩子上面臨更多選擇。通常，在如何撫養孩子與對孩子未來的期待上，會有很多異議（Hotvedt, 1997），如果伴侶離婚，這些問題則會更形惡化。在積極面來看，擁有不同文化父母的孩子，會接觸不同的事物，也學得更多（例如語言），並能對多元文化的社會發展出不同的敏感度及開放性。

移民家庭

移民的歷史不僅與移民的人們有關，也是他們移入定居的土地，以及他們對於這片土地的文化所產生的影響的故事。理解他們從自己國家帶來的文化，是必須的（Swell, 1996）。移民家庭（migrant families）有個特別的位置，站在原生社群及歡迎他們的新土地兩者之間，這個並行的狀態，決定了家庭生命週期階段轉變時造成的影響。移民家庭需要適應這個歡迎他們的國家所提出的要求、規定和生活方式，同時，他們也強烈地聯繫著自己的原生文化，包括語言、傳統、宗教，以及其他方面。為了好好整合這兩造，移民家庭需要經歷反覆嘗試、犯錯，將兩個不同的世界同時納入考量，發展出一個綜合兩者的整體。移民家庭現在的生活，持續伴隨著與過去連結的情感和記憶，也伴隨著對未來的疑惑與不確定感（Ciola, 1997）。

邦維齊尼（Marie-Louise Bonvicini, 1992）明確地描述移民會發現自己所處的環境中，無一不陌生，沒有熟悉的顏色，沒有熟悉的聲音或氣味，沒有熟悉的街道、家與廚房，甚至教育的方式都是陌生的。連星期、假日及月份都不同的時候，是很難再次找到自己的！因此，移民永遠在旅行，在這裡

33

和其他地方、在現在和過去、在孩子與祖父母之間，來回地感知著，試圖整合現實的兩端。理所當然地，移民者有權在新的環境中表現良好，但也有義務不忘記自己的家庭和國家。移民家庭往往需要經歷充滿障礙與關鍵事件的痛苦，才能達到具有創造性的整合。與所移居國家的家庭模式進行對比，讓移民可以自豪地黏附於強大的民族團結基礎，實際上這其中不僅包括核心家庭，也包括了延伸家庭及鄰居。這種自豪感，可能會導致移民理想化自己的家庭單位，尤其是與長輩之間的關係，以及他們所共有的家庭歷史方面，這幾乎就像是防衛性地強調他們的文化優勢，來抵禦所移居國家的文化優勢。如此強烈的家庭根源，使得移民的意義成為集體的成就，而不是純粹個人層次，目的是為了確保原生家庭的經濟情況能夠更好。由這個觀點來看，第一個移民的人就是家庭使命的承擔者，因此需要為整個核心家庭擔負起責任（Scabini & Regalia, 1993）。

家庭移民的經驗，以及在原生文化中團結的經驗，似乎對於移民者及環境的連結方式，有著決定性的影響，特別是有多種適應模式，能夠引導人們了解如何與周圍文化建立關係。包含模式的特徵，是試圖與來自同一國家的其他移民，建立非常密切、而且幾乎是排他的關係，以創造出一個在個人及社交層面上，擁有強大保護功能的關係網絡。這種再現原生國家的家庭精神的企圖，突顯了與所移民國家文化上的差異性。擴展模式（the expansive model）並沒有排除跨文化團結的精神，相反地，是在協助家庭打開心胸認識所移民國家的地方文化，讓孩子和父母帶著好奇和興趣參與所屬的關係生活，像是工作環境、學校、社交活動等。在所有的情況下，家庭界限的重新協商及世代間連結（bonds on inter-generational level）的議題，

都會影響家庭如何調整與新國家之間的距離與親近的程度。因此,第一代移民的人,需致力於居間協調新國家的社會環境、對他們與子女之間的關係,以及他們與原生家庭間連結的影響。在一定的範圍內,孩子的教育是至關重要的部分,一方面,這是一個整合的歷程,同時也可能增加家庭與外界的衝突。在父母眼裡,孩子對新國家文化的吸收,可能代表著阻斷世代延續、失去家庭文化的危險。因此,第二代孩子的位置是非常困難的:他們在新的國家中會比第一代人適應得更好更快,但可能因為成功適應而付出很高的代價,也就是逐漸疏遠家庭和價值觀。在這樣的情況中,社會同化(social integration)會被認為是背叛家庭的忠誠,結果就是很難完全認同、歸屬於原本的文化,或是新國家的文化。

34

第三代移民的任務在於把過去與未來聯繫起來,把原生家庭的文化需求和已適應國家的社會環境連結起來。這一代將更加自由地重新獲得他們的族群認同,這是前幾代人為了融入所選擇的文化而做的犧牲(Carter & McGoldrick, 2005)。理論上,移民者處於「居中」或是屬於文化少數的位置,可以視為是更豐富的資源,因為它提供不只一種選擇,可以促進兩種文化選擇間更大的流動性,對於在新的國家建立社會關係是很有幫助的。現實中,只有當移民者能夠從兩種文化中獲取最大的優勢,輕鬆地從一個位置轉移到另一個位置,而且沒有體驗到無法返回原先位置的危險時,這個優勢地位才會存在。當移民者被迫放棄自己的文化以融入新國家時,就會出現嚴重的問題。此外,當移民者強烈地執著於自己的文化根源,並且拒絕接近新的文化,也會產生問題。有幾種危險情況會導致嚴重的生存困境:恐懼失去自己的根源、在離鄉背井和情感斷聯

之故事中引發的隱形忠誠、時間停止的錯覺、將多樣性視為對個人生存的威脅並絕望地捍衛自己的傳統（Di Nicola, 1997; McGoldrick & Hardy, 2008）。

同性伴侶，以及擁有相同性別父母的孩子

雖然在許多國家，同性婚姻依然不合法，但現今社會中，對同性伴侶的家庭偏見與汙名化的程度已與過去不同。不過即使如此，同性伴侶依然經驗到很大程度的社會邊緣化和歧視，迫使他們無法公開表達他們的愛與情感。起初人們認為愛滋病毒（HIV）是變態性行為的後果，而當它開始毀滅性地傳播之後，同性戀更是遭受廣泛反對，而這只是諸多社會制度僵化例子之一，在人際友誼、學校系統、工作場所，尤其是在家庭本身，歧視同性戀的現象並不罕見。同性戀者的原生家庭也是歧視的受害者，一部分是因為大眾以病理的角度看待同性戀，責怪媽媽與孩子太過共生（symbiotic），或是批評爸爸太過疏離，認為失功能的家庭關係就是造成「同性病態」（Homosexual sickness）的原因（La Sala, 1999）。而美國心理學會（The American Psychological Association）也只是在一九七四年從《精神疾病診斷與統計手冊》（*Diagnostic and Statistical Manual of Mental Disorders*）中刪除了將同性戀視為疾病這一項目而已。

心理師及家族治療師充分研究過異性伴侶及原生家庭的關係，可以作為支持的來源和正向的影響。然而，對於闡述同性戀男性與女性，以及他們與原生家庭之間關係的文獻，直到近幾年為止，一直都是稀少且不足。因為一知半解和社會偏見，導致許多父母更堅定這些負面想法，更肯定孩子有問題或

35

是生病了。然而，現代普遍的共識是，對同性戀者及他們的家庭來說，能夠公開表達自己的性取向和生活，是非常有益身心和自由的。儘管如此，仍有許多父母不管是自己發現兒子或女兒是同性戀，或是孩子自己告訴他們，他們的情緒反應仍非常強烈，或是羞愧，或是感受幻滅。「出櫃」（coming out）常常會引發痛苦的家庭危機，導致家庭成員的疏離（La Sala, 2000）。對同性戀者來說，向父母坦承自己是同性戀，是他們生命中最困難的經驗。一個兒子或女兒宣布自己是同性戀時，在個人和人際層面上，都可能嚴重地打亂家庭系統。父母總是理所當然地視孩子為異性戀，撫養他們長大，期待孩子結婚、擁有孫子孫女等等的夢想與計畫，將因子女身為同性戀而幻滅。儘管冒著父母極可能反對的風險，還是有非常高比率的男同志和女同志決定跟父母出櫃，因為他們希望與父母的關係能更加親密坦誠。出櫃，是一種向伴侶和自己展現承諾，並渴望保持彼此之間結合的方式。

許多同性伴侶在穩定的伴侶關係彼此扶持多年，打破了同性戀淫亂的刻板印象之迷思，尤其是對於男人總是追尋新的刺激冒險這一點。拉·薩拉（Michael La Sala, 2010）在研究代際間的不贊同對同性伴侶關係的影響時，指出一個人揭露自己同性戀身分的努力，似乎與自我分化歷程，這是建立成熟和情感重要關係的基本步驟。如同異性戀伴侶一般，受到原生家庭的影響，關係突然中斷，可能會對伴侶關係產生負面影響，就像是隱瞞或無法坦誠自己是同性戀者，並不能帶來真正的自主權，反而是分離－個體化（separation-individuation）歷程中的發展僵局。

最後，與同性伴侶有關且不能忽視的主題是，同性伴侶中

的父性（paternity）和母性（maternity）。在美國，約莫三分之一的女同性戀者本身也是母親。有許多男同性戀與前一段關係中所生的孩子住在一起，或是積極參與女同性戀家庭的孩子的生活，因為這些孩子是他們把精子捐給女同性戀所孕育出來的。為人父母，是同性戀者身分認同的一部分，是重要的基本人權。關於這個主題的探討相當激烈，也有很多的觀點和研究（Patterson & D'Augelli, 2012; Golombok, 2015）。目前，許多國家不允許同性戀伴侶結婚或收養孩子，於是我們愈來愈常看到這些伴侶選擇到國外結婚，尋求生養孩子的幫助。許多研究顯示，孩子與父母之間的關係、父母對自己是否能勝任父母的感受和安全感，以及對家庭的社會和經濟支持等，才是影響孩子身心健康的重要因素，並不是父母的性別或性傾向（Siegel & Perrin, 2013）。克勞奇（Simon Crouch）在墨爾本大學的團隊，針對澳洲三百一十五對同性伴侶與五百名孩子的調查指出，同性伴侶的家庭面對的主要問題是汙名化（Crouch, Walters, McNair, Power & Davis, 2014）。根據他們的研究，有大概三分之二的同性家長的孩子，因家長的性傾向而經驗到不同的汙名化。儘管這些孩子具有良好的生理狀態及社交幸福感，這些汙名化和孩子的家庭結構有關，從小問題，例如由學校寄信到家裡，將稱謂由「先生」改為「太太」，到更具傷害性的問題，像是在學校遭到霸凌。同性伴侶家庭面對的汙名化愈嚴重，孩子在社交和情緒健康所受到的影響就愈大。哥洛勃克（2015）近期的調查和研究，也強調了相似的發現，他研究了世界各地的「現代家庭」三十五年之後認為，無論家庭結構為何，孩子在一個提供愛、安全感和支持的環境中才有可能成長茁壯。

總而言之，在情感、未來計畫、相互信任與理解的基礎上建立親密關係，擁有因為愛而選擇伴侶的能力，已是個人的基本自由，也是建立公開的伴侶關係之基礎，超越了性取向、宗教、膚色、種族或是國籍。

第四章

觀察家庭的方法

探究家庭發展（family development）代表一種工作模式，使我們能踏上超越個人的旅程，觀察的重點在於人際面向與關係形成的脈絡。為了更清楚地理解個體，我們需要了解其家庭歷史，並在情感和關係世界的各因素中，理解個人問題。事實上，長期以來，無論是在理論或臨床實務上，人們都低估了這些家庭與社會因素，而傾向於只聚焦在內在自我與個體精神病理表現的觀察模式。傳統精神分析和醫療／精神醫學模式，大都將個案視為單一個體進行理解與評估，隔絕個案的關係組成因素，也造成了將家庭單位分割成小區塊的風險。

觀察的基本單位：三人關係

一九六〇年代初期，鮑文是提出三角關係之理論性概念的第一人，他將三角關係視為所有關係的基本結構，包括那些明顯只有兩個人的關係在內。三角關係，是每個關係系統中情緒驅力自然組成的方式，在較為廣泛的關係系統中，成對關係則是較為局限的觀點。因此，三人關係是觀察與理解的基本單位，也被認為是家庭系統內情緒及關係要素展現之所在。系統理論領域中的許多作者都提出將三角關係做為評估家庭關係演變的單位（Minuchin, 1974; Haley, 1976; Bowen, 1978; Hoffman, 1981; Walsh, 1982; Andolfi, Angelo & De Nichilo, 1989; Whitaker, 1989; Framo, 1992; Andolfi & Mascellani,

2013）。採用三人關係做為理解人類關係的工具，來觀察現實生活與精神病理的這個方法，與採用成對關係做為觀察工具，兩者是截然不同的做法。也因此，我們在治療會談中向家庭成員所提的問題，也會具有三人關係的性質，這部分將於下一章再敘。

一種關係形態：三角化關係

與三人關係（triad）密切相關的是三角化關係（triangulation）的概念，指的是情緒三角中的關係動力。從心理動力觀點到系統取向，三角化關係這個概念有很大的差異。在心理動力取向中，這個詞彙指的是伊底帕斯情結的孩子從父母關係中有所區隔的經驗；在系統取向中，這個詞彙指的是子女陷入父母的衝突關係裡，以轉移父母之間充滿張力的失功能歷程。隨著時間的進展，許多研究家庭病理三角化關係的作者提出了各種三角化關係的假設。海利（1977）在〈病理系統的理論〉（Toward a Theory of Pathological Systems）一文中提出，形成病理三角化關係，也就是**倒錯三角關係**（perverse triad），需要具備一些特徵：子女被引入與父母其中一方形成聯盟，以對抗親職角色失職的另一方，這種聯盟可能十分隱微，在意識層次上處於被否認狀態。在**父母離間症候群**（parental alienation syndrome）的情況中，可以發現海利的倒錯三角形之主要元素：進行離間的家長，剝奪了被詆毀的另一家長對子女的撫育，這種狀況常出現在關係充滿敵意的分居伴侶，或是被詆毀的家長來自其他國家或文化的情況下。三角化關係的另一個面向是**偏袒**（favouritism），發生在其中一位家長在犧牲其他子女的情況下，偏愛某個孩子，在這個過程

中，另一位家長被隔絕開來，也間接疏遠了所有健康、需要公平撫育的子女。

米紐慶擴展了三角化家庭結構的研究，他對三角化關係相當有興趣，尤其是和避免婚姻衝突有關的部分。米紐慶（1974）從子女掩蓋或迴避父母衝突的假設開始，在這個前提下提出四種僵化的結構：三角化關係、親子聯盟（parent-child coalition）、攻擊性迂迴（detouring-attack）、支持性迂迴（detouring-support）。父母雙方在公開或隱微的衝突中，試圖吸引子女的注意與支持，以對抗另一方，就是**三角化關係**的特徵，這個情境會使子女陷入忠誠衝突。在**親子聯盟**裡，父母一方與子女建立穩定聯盟，以對抗另一方。在**攻擊性迂迴**的結構中，即使父母雙方無法在教養子女上達成共識，彼此行動也不協調，仍會聯手控制成為代罪羔羊的子女之脫序行為。而在**支持性迂迴**的結構中，父母以高度保護的方式，將注意力集中在被認定生病的子女身上，以掩飾兩人之間的張力。

薩文尼·巴拉莎利、西利羅、薩文尼與梭瑞提諾（Selvini Palazzoli, Cirillo, Selvini & Sorrentino, 1989），在《家庭遊戲》（*Family Games*）一書中，再提出與孩子嚴重精神病症狀發作有關的兩種失功能三角動力型態：**煽動**（instigation）以及**關係欺騙**（relational deceit）。在煽動的情境中，三人關係中的一位成員暗中被迫成為另一人的「打手」，不過一旦遊戲曝光，聯盟關係就會瓦解。在關係欺騙的情境中，三人關係中的一位成員處於一種共謀關係的假象裡，事實上，共謀關係只是用來向第三人放送訊息的花招而已。

米紐慶（1974）、薩文尼·巴拉莎利、博斯科洛、切欽與普拉塔（Swlvini Palazzoli、Boscolo, Cecchin &

41

Prata, 1978），以及安東爾菲（1989）等人，將親職化（parentification）描述為失功能的三人關係結構，即父母一方或雙方無法執行應有的撫育角色與成人責任，而由子女承擔了照顧者的角色。親職化子女通常形成於情緒虐待，如果持續如此，可能導致兒童或青少年階段的嚴重身心或關係問題；從另一方面來說，親職化子女也可能發展出相當的韌力，在成年後成為非常稱職且敏銳的心理治療師。先前已有文章提出（Andolfi et al., 1989; Andolfi & Mascellani, 2013），當第三人能發現個體或關係資源，或是帶出整個系統前進的動力，那麼三角化歷程也就有其正面意涵。事實上，在三人關係的互動中，每個人都能夠觀察到其他兩人之間的狀況，或調解其他兩人或是提供資訊，例如：父親和母親可能因為對於某件事有不同看法而發生爭執，孩子可以採取較不那麼爭論的方式，介入討論，在父母變得過於激動時緩解其中的張力。做父母的也可以在另一半與孩子有爭執時，採取同樣的做法，讓事情變得容易一些，且有正面的結果。從這個角度來看，第三人的存在，對於增進理解和親密、提供情緒支持，變得相當重要，尤其是家庭處於轉換階段，例如子女出生、夫妻離異、突發意外的失落或子女離家等。因此，三角關係可說是所有關係的基本結構，包括那些表面上看起來只涉及兩人的關係。

三代的三角關係

三代的三角關係，是由三個不同世代的家庭成員所組成的三角關係。如果將這第三個面向加入家庭功能運作的觀察中，會突顯出當前關係及個人症狀問題中更複雜的樣貌。例如：如果一位妻子與她母親或丈夫的關係不良，因為他們無法

滿足她的情感需求，這些需求很可能會轉移到女兒身上。女兒與母親的關係，又會因為兩個交互影響的因素而變得複雜：其一是女兒本身，其二則是女兒將需求居中調節而轉移至他人（她的外婆或爸爸）。

42

許多主流的多世代家族治療師，將家庭視為一種情緒系統，此情緒系統之特徵包括具有導向分化的驅力與保持凝聚的驅力。在這個模式中，家族歷史，也就是與原生家庭及過去重要人物之間的關係，扮演著核心作用。由發展面向及歷史脈絡來看家庭結構，使我們能夠將三人關係置於三代的層次上，促進對個體與當前關係進行更多元的重新詮釋。考量時態和歷史面向，使我們能在過去、現在、未來之間來回，穿梭在祖父母、夫妻與子女關係之間。在這個縱軸上，可看見人們成長過程中的態度、期望、迷思、害怕，這些都是由上一代循著三人關係路徑傳遞給下一代的。例如：在祖父－父親－兒子的男性家系中，功成名就可能就是世代相傳的價值觀；而在女性家系中，為子女犧牲則是一道訓諭，以維持對女性角色的忠誠。可以說，人生的這些事情就像是交付到我們手上的一副牌，關鍵在於，我們怎麼打這副牌。

因此，在觀察親子關係時，把老一輩納入考量，讓我們能夠觀察到好幾個人的實際互動，並透過處理當前議題所獲得的資源，更充分地了解個體。要充分地理解個體，很重要的是要涵蓋他的生活脈絡，觀察的對象不能是單一個人，必須包括涵蓋和個人有關的重要三人關係。關係心理學建立在將家庭視為一個情緒系統的理解基礎上，家庭的價值觀、迷思、忠誠和行為模式，會經由世代而傳遞與改變。

家系圖：呈現家庭發展的圖像

　　家系圖是一種工具，用以描繪時間歷程中家庭不同世代的延續。與祖先和血統的連結可以呈現出家庭樹的圖像，也標誌出與過去、現在及未來世代的聯繫（Andolfi, 1979; McGoldrick & Gerson, 1985; Montagano & Pazzagli, 1989）。探索家族起源，可回溯到古代，如《聖經》中所記載的不同種族血統的詳細歷史，就是一例。家譜學在歷史上的重要性建立在歸屬概念上，特別是幾百年來的土地繼承部分。文學作品針對家庭連結這部分也有相當多著墨，例如：莎士比亞最著名的悲劇《羅密歐與茱麗葉》（*Romeo and Juliet*），講述兩個不幸戀人的故事，以及中世紀早期維羅納（Verona）兩大貴族家庭——蒙塔古（Montagues）與卡布列特（Capulets）家族間的競爭。綜上所述，家系圖是家譜圖像之呈現，是個體用以描述至少含括三代家庭歷史發展的一種方式。

　　關係取向的治療師可以運用家系圖作為收集資料的工具，藉由家庭情緒系統的圖像與視覺呈現，來豐厚個案的口頭描述。在系統－關係取向的領域中，鮑文是使用家系圖的先驅，他透過研究許多家庭回溯一百到三百年間的家譜樹資料，發現了從一代傳遞到下一代的家族特徵，並且證明了透過這個方式觀察家庭發展，能為人類現象帶出不同的新觀點。鮑文（1978）在其經典著作《家族治療臨床實務》（*Family Therapy in Clinical Practice*）中有篇著名的文章〈匿名者〉（the anonymous），詳細地介紹了他自己的家系圖。他強調治療師致力於自己的家庭發展之重要性，用以學習如何更好地為案家進行治療，並避免將自己家庭的議題投射至個案身上。

許多作者都討論過家系圖及其治療上的用處，諸如：格林與潘達葛斯（Philip Guerin & Eileen Pendagast, 1976）、安東爾菲、賓尼·霍爾（John Byng-Hall, 1979）、麥戈德里克與格爾森（Monica McGoldrick & Randy Gerson, 1985）、蒙塔加諾與帕札利（Silvana Montagano & Allessendra Pazzagli, 1989）及海寧格（Bert Hellinger, 2012），家系圖成為全世界的家族治療師和諮商師在私人或機構執業時用於家庭評估的通用的標準工具。家系圖包括：姓名、符號（男性為正方形、女性為圓形）、所有家庭成員的年齡、標註每個次系統及不同世代連結程度的特定記號、重大事件（出生、死亡、結婚、分居、流產等等）的日期與符號，以及關於職業、教育與文化背景、遷徙和情緒切割等其他相關事項的資訊。

值得注意的是，繪製家系圖，除了提供許多家庭資料外，還能觸動說話者（無論是家庭成員或受督者）的情緒和強烈的記憶，以及對重要事件和其對家庭情緒系統的影響之深刻反思。這個工具很重要的部分無疑是讓觀察者以綜合、清晰和完整的方式整理資料，如果沒有這項工具，就很難記住與家庭結構有關的大量資訊。然而，更重要的是，家系圖讓我們在更廣泛的家庭發展背景中理解個體。家系圖有助於揭示缺漏或不清楚的資訊，有助於重現過去的經歷，並帶出一系列的回憶，比如：對重大失落的悲慟、各種衝突，以及因原生家庭、手足關係、伴侶或離婚而生的怨恨，從而發掘、重新定義重大事件，以及事件之間彼此的關聯。事實上，在三角關係的觀察中，每個家庭成員都可視為各種三角關係的主動參與者。透過勾勒出三代的互動脈絡及情緒負荷過重的三角關係，就有可能理解當前關係中最複雜的部分。

44

在治療及諮詢中運用家系圖

家系圖是一種非常有用的評估與治療工具。通常，機構中的專業人員會運用家系圖，來針對家庭功能與個人精神病理進行討論，並提出假設。在與家庭建立了治療關係之後，家系圖能發揮更大效用。當家庭成員開始信任治療師、建立同盟關係時，他們所提出的資訊就更形重要，且直指家庭問題的核心。

莫妮卡的憂鬱症

接下來的例子說明了家系圖在治療中提供的重要資訊是如何派上用場。莫妮卡（Monica），五十多歲，因長期憂鬱來接受治療。她所繪製的家系圖顯示，她父母充滿敵意的離異，持續影響著家庭動力。她的父母在她嫁給第一任丈夫溫尼（Vinni）一年後就分開了，那時她第一個孩子愛蓮（Eleonora）才剛出生。父母離異是莫妮卡生命的轉捩點，對她和她妹妹法比奧拉（Fabiola）來說，都是非常痛苦的經歷。父母離異並沒有讓這對姊妹的關係更緊密，反而拉開了她們兩人的情感距離、較勁更激烈。這對姊妹從小就為了爭取母親的關愛而競爭，一直持續到成年。莫妮卡試圖讓母親陷入她自己的負面情緒，母親與姊妹兩人所形成的三人關係，充滿張力與過去的怨恨，父親吉賽佩（Giuseppe）則完全被排除在外，加上他面對女人的大男人態度，眾所公認是婚姻破裂的原因。這兩姊妹一心想爭取母親的注意，以至於沒有好好經營自己的婚姻，於是，一個接著一個地慘澹收場，成為單親家長，在養兒育女方面遭受許多的困難與衝突。她們的家系圖提供了簡易又快速的途徑，讓我們得以理解橫跨三代的許多重要

家庭事件和衝突關係。

　　在過去二十年間，我改變了在治療中使用家系圖的做法。在我的工作，我比較喜歡在治療初期，甚至是第一次治療時，就讓家庭畫家系圖。這成為一種具有創造性的評估方式，也是建立治療連結的有力工具。在我以孩子為中心的工作取向中，我賦能（empower）有問題的兒童或青少年來做協同治療師，讓他們在其他家庭成員的協助下畫出家系圖（Andolfi, 1994）。此舉讓被認定的病人（identified client）轉而成為有能力繪製與描述家庭事件的人，父母通常會很高興看到孩子擁有這種能力，並樂於提供重要資訊一起合作。孩子在繪製家系圖時不遵守圖示規則也無所謂，他們繪製出創意且獨特的圖畫，治療師則扮演發掘者，帶著好奇來了解更多家庭成員和事件。看到兒童或青少年成為家庭的歷史學家，詢問父母有關他們童年的一些問題、祖父母如何教育、照顧與管教他們，以及諸如重大失落或情緒切割等等重大事件，真是太神奇了。

費瑪的黃色標記

　　在進行現場的家庭諮詢會談之前，與案家工作的治療師通常會說明案家的家系圖，並與他的同儕和我討論。我的習慣做法是跟家庭一起使用這個家系圖，讓孩子與大人參與，要求他們說明家系圖的不同面向，若有錯誤或遺漏的資訊則予以補正。我通常會說：「這個圖代表你們的家庭，有誰比你們更適合陪我一起了解你們的家族生活史呢？」在一次諮詢會談中，治療師準備了非常詳盡的家系圖。費瑪（Fatma），一位有嚴重恐慌症的突尼西亞年輕女孩，用粗體黃色圓圈做標

45

記，強調她是家中被認定的病人；白色象徵其他家庭成員——正方形代表男性，圓形代表女性。為了突顯出她在家庭中所處的問題位置，我揶揄且帶有隱喻地使用這個黃色標籤來開啟這次會談，對女孩說：「這是妳的標記，妳整個人都是黃的，因為妳跟其他每個人都不一樣。」接著，我鼓勵她帶我進入她的家庭故事，一起找出象徵其他家庭問題的「黃色標記」。在那一個小時中，我們發現了過去幾代很多其他的問題及故事，因此我對她說：「妳的黃色圓圈在這場會談結束時看起來那麼小，但在會談開始時卻好像是這個家的大問題。」她看著我，感到非常安心和受到支持，對我說：「你說對了！」治療師與其他家庭成員能對家庭歷史與動力獲得全新的理解與洞察，也理解了費瑪如何成為家中問題的代罪羔羊。

約翰、麗茲和家系圖照片

　　使用家人照片也是有力的治療工具。我想藉幾年前我在丹麥的諮詢會談，來說明家庭照片在治療上的運用。約翰（John）與麗茲（Liz）是一對中年夫妻，他們兩位、麗茲的父母、約翰的母親、他們的治療師和我，參與了這次會談。麗茲已經憂鬱好幾年了，約翰很忙、熱愛運動、盡可能迴避衝突，他們育有三名子女，婚姻明顯因為麗茲的憂鬱症而陷入嚴重危機。會談一開始，我問麗茲他們的子女是否知道今天會談，我請她給我看子女的照片。她非常自豪地打開皮夾，一張接著一張地，給我看她丈夫及三名子女的四張獨照。在會談中，她談到自己一直像給予支持與保護的母親似地照顧約翰，直到最近幾年，她厭倦了這個角色。她從關照的母親的角色，轉入孤獨妻子的位置，卻沒有得到丈夫的情緒支持，憂鬱

46

症就這樣掩飾了這對夫妻不再親密相依的狀態。我將照片做為朝向改變的隱喻，建議麗茲在皮夾裡找另一個位置來放約翰的照片，離孩子遠一點，這樣他就不會看起來像是第四個孩子了。更有趣的是，約翰的皮夾裡只有放一張照片，他很高興地給我看：是他們剛認識時的麗茲的照片，一位充滿魅力的十九歲女子！我們很容易地理解到，他更想要的是記憶中他愛上的那個麗茲，而不是感激現在那個完善周到的妻子。有趣地使用這對夫妻的照片，讓在場每個人更想參與，他們靠向會談室中間的桌子，展示自己手中的照片。麗茲的父母很自豪地拿出四十週年結婚照和孫子的照片，約翰的母親，非常感動地，給我們看她幾年前失去所愛的丈夫的照片。他們自發地呈現家系圖照片，所有家庭關係和重要事件既生動又清晰地攤在桌上，比廣泛的口頭描述更有治療價值。

在治療師的培訓中運用家系圖

我有好幾年在羅馬大學（University of Rome）向研究生講授家庭臨床心理學（Family Clinical Psychology）這門課。我鼓勵他們，不要只透過理論課程來學習家庭系統，也要透過在課堂呈現他們自己的家系圖來學習家庭系統。我要他們描述一、兩件重要的家庭事件，並找出原生家庭中三角關係的情緒連結方式。令人驚艷的是，我看見他們透過自身的個人經驗，對家庭發展有了更多的學習。在羅馬的家族治療學院（the Academia di Psicoterapia della Famiglia）中，同樣的教學原則也運用在家族治療師的培訓上，藉由展示自己的家系圖，指導受訓者如何學習與家庭工作。這個非常感人、但有時痛苦的經驗，會在意識上產生認知與情緒的變化。呈現自己的

家庭，不僅在於內容的描述而已，而是再創造一次象徵性的旅程，回到過去的經歷或家庭私密領域、難言之隱或未竟事宜等，藉由故事與軼聞一代又一代地傳遞。一方面，家系圖常常被描述為充滿生命光輝、關照與關係支持，另一方面又是沉寂、鮮為人知或被認為負面。而培訓者的功能是，結合培訓團體，透過運用關係問句，挑戰一些深植受訓者心中的僵化框架或偏見，從而為家庭事件與關係模式帶出開放的新觀點及重新框視（reframing）。這個經驗不止提升了受訓者自我覺察之層次，也提供受訓者在治療時和家庭工作的一種探索模式。

47

家系圖照片也能在培訓中充分地應用。讓受訓者挑選自己家庭中一些重要的照片來課堂，包括祖父母與手足，特別是孩提時候的照片。照片有種喚醒過往的特質，能觸動特殊的情感與記憶，隨著時間脈絡，加深對家庭發展的理解。這個工具還有另一種有效的運用方式，治療師可透過家系圖照片，評估自己在治療中意識與無意識的位置。很多治療師在運用家系圖時，多半聚焦在家庭議題上，卻常常忘記考量自己在治療中在案家家庭關係裡的位置。在督導過程中，對治療師很關鍵的問題是：「你在這個家系圖的哪裡？」藉大寫字母 T 來標註，治療師能指出他們感覺自己在家系圖的位置，從而在治療歷程中指出他們的定位。也許治療師會非常靠近被認定的病人或是掌控的案母，或相反地，也許他感覺與每個家庭成員都保持相同的距離。治療師的定位能突顯出治療歷程的品質，以及家庭探索過程中的相互主體性。

家庭雕塑：系統治療師的有用工具

家庭雕塑（family sculpture）是由維琴尼亞‧薩提爾在一

九六〇年代晚期引進家庭與伴侶治療領域，其中包括了家庭／婚姻關係的非語言、視覺、空間狀態的呈現。由家庭雕塑者（某位家庭成員或治療師），依據家庭成員之間的親近或疏遠程度，來雕塑會談室內每個人的位置。每個成員要呈現特定身體位置、姿態和動作，用以代表不同的情緒狀態（快樂、悲傷、退縮、疏遠），以及情緒的連結／失去連結。缺席或過世的重要家庭成員也可以進入這個充滿象徵的展現方式，它喚起回憶的力道非常強烈。當人們在雕塑中安排好位置了，他們要維持他們的姿態，安靜幾秒鐘。在這個非語言的雕塑扮演之後，每個人，包括雕塑者，都要針對自己在特定角色中所經歷的情緒進行回饋。這第二部分的工作非常重要，因為它讓每個人非常強烈且真實地分享深層的個人和關係感受。

　　許多不同領域的作者都介紹過這個有力、非語言的治療工具，不同領域各有不同含義和變化（Satir, 1967; Duhl , Kantor & Duhl, 1973; Papp, Silverstein & Carters, 1973; Constantine, 1978; Banmen, 2002; Haber, 2002; Hellinger, 2012）。一九七〇年代早期，我在紐約的阿克曼家族治療學院（Ackerman Family Therapy Institute）向派普（Peggy Papp）與拉佩里埃（Kitty Laperriere）學習家庭雕塑技術後，就引進了歐洲。我在第一本書《家族治療：一種互動取向》（*Family Therapy: An Interactional Approach,* 1979）裡說明了家庭雕塑，而凱利（Caillé, 1990）與歐尼斯等人（Onnis et al. 1994）則進一步闡述了家庭雕塑的不同形式。

　　總之，家庭雕塑被認為是藝術治療的一種形式，不用口語、非常戲劇化地呈現出家庭關係。家系圖以家庭歷史的口語描述為依據，而家庭雕塑則偏重溝通的類比模型（analogical

48

model），並透過肢體語言探索更隱微、更深層的情緒，從而避開口語表達的防衛屏障。家庭雕塑所引發的強烈體驗，使每個人都能經驗不同的連結方式，感受到新的情緒，去聆聽、也被聽見；在看待關係問題時能提升自尊、觸發真誠，如此一來就能避免在回答問題時的防衛言語屏障，以及常出現的「雙重思考」（double thinking）機轉。因此，家庭雕塑既是一種強大的評估工具，也是協助伴侶及家庭投入治療歷程的獨特做法。然而，為了能正確使用，需要先與家庭成員建立穩固的同盟關係。將治療局限在僅以談話這個方式來了解家庭，會減少很多在個人與關係層次上的理解。

在治療中運用家庭雕塑

我運用家庭雕塑已有四十多年，對象從家庭，到伴侶、個人等，我嘗試使用大量的非口語方式來傳達家庭關係，而且跨越家庭生命週期的不同階段；我也在培訓團體中使用家庭雕塑，尤其是針對「專業困境」（professional handicaps）工作時（Haber, 1990），這部分將於本章後段說明。

運用於過去情境

家庭雕塑能在家庭三代的敘事脈絡中，重演出仍舊非常鮮明的記憶與影像。舉例來說，在原生家庭成員一同出席的會談中，治療師可以邀請擔心子女的父親雕塑出他年幼時某個特定時刻的家庭關係。透過演出過去的回憶，他回到他八歲時家中非常戲劇化的時刻，他雕塑出自己保護母親免於父親暴力的情境。他可能雕塑的是包括他自己在內的三人關係：他站在中間，雙手張開，代表他想要保護母親的意圖，母親俯視地

上、害怕不已，父親則是一副非常挑釁的姿態與面部表情。這種戲劇化演出之目的在於，在安全的氛圍中重新體現過去的張力和深埋家中的傷痛，以便卸下這個孩子背負多年、仍存在於他的「家庭腳本」之情緒重擔，有助於家庭模式轉化，並為世代間的和解預留伏筆。如此一來也能幫助子女更加認識父親在他們這個年紀時所經驗到的傷痛與困難，並對父親有更完整的認識。

運用於目前情境

在另一個治療情境中，一位中年女性在童年時期感覺被家庭忽視，極度缺乏安全感。藉著在母親面前雕塑出理想的母女關係，她終於能哭出來，釋放長期以來的痛苦。在她的家庭雕塑中，她像個兩歲孩子般，坐在母親的大腿上，要求母親抱著她、溫柔地撫摸她的頭髮。在當下情境中，母親的擁抱與關照對於她們的親密關係非常具有療癒效果，更有修復舊傷的能力。家庭雕塑通常能提供非常正向的退化經驗，透過時態跳躍帶來的可能性，象徵性地回到過去，想像出一個不同的童年。

運用於伴侶治療

家庭雕塑可做為伴侶治療的評估工具，讓每位伴侶表達他／她是如何看待這段關係。神奇的是，他們發現自己其實很難設身處地理解對方的立場，所以對方描述彼此關係所呈現的畫面往往教他們驚訝不已。

拒絕之舞

在一次會談中，一位妻子做出了簡潔有力的雕塑：她要丈

夫站在門旁邊，向外看，自己坐在會談室的中間，帶著全然孤寂之感俯視地面。在回饋的時候，丈夫向妻子表達出非常深沉的憤怒，因為自己被放在這麼遠的地方，讓他感覺完全失去了連結！然而，這位妻子說，她選擇給他這個位置，正是因為他總是離她遠遠的，讓她感覺完全受到忽略，好像老是等著他來注意她。結果，這個雕塑讓這對伴侶同樣感受到被拒絕的議題，需要重新定義他們的位置，也因此發現了他們想要照顧對方、也被對方照顧的共同期待。經過幾年僵化的互補互動，關係中通常會出現互相拒絕的舞步。在治療時，家庭雕塑是促進全新理解相當有用的工具，用以協助轉化角色，並發掘更有效溝通與理解的模式。家庭雕塑也可以突顯出伴侶及家庭關係的負面動力狀態。

婚姻的折磨

50　　　在另一個案例中，一對經歷長期衝突的夫妻，呈現了他們名為「婚姻的折磨」的雕塑。妻子讓自己面朝上躺著，把一個椅子反放在身上來保護自己，丈夫卻拿起一支像棍子一樣的筆，插進她的耳朵裡。在治療過程中，她常常提到丈夫一直折磨她，說個不停，沒有給她機會回答。這位丈夫總是感到被妻子拒絕，尤其在性方面，他的雕塑是讓妻子站在會談室中間，而他則拿著捲筒衛生紙，將妻子從頭到腳像個木乃伊似地覆蓋起來。針對關係中受傷最重的部分進行雕塑，是一種強而有力的方式，具體地將關係中主要議題視覺化，讓治療師得以進入婚姻情節，並有機會協助他們克服困難。

運用於未來情境

正如之前所討論的，時態跳躍能讓家庭成員和伴侶重新連結過去經驗，並理解其與當前議題及動力的關聯性。同樣地，在未來情境運用家庭雕塑一樣有用：想像未來，特別是與家庭重大事件有關的關係，其中可能包括家庭面臨重要成員即將過世、心愛孩子離家、遷移或換工作等等。各種對未來的恐懼、情緒切割和期待，都可以表達出來，為家庭和治療師帶來許多洞察與建議。

運用於個別治療

由於口語溝通本身往往充斥著每個人重複的問題故事腳本，反過來又引發了人們的防衛反應，因此使用非語言經驗是很有用的。個體可以談論工作帶來的負荷感受，或是害怕失去家人或是結束婚姻的恐懼，不過，當治療師讓個案運用肢體來呈現某個動作與姿態、或用某個方式去看，就會有很大的不同。這很像自畫像的創作，將強烈與深層的情感濃縮成一幅影像。在進行過程中，有治療師的引導和支持，加上經驗共享，更能深化治療同盟，所產生的正面效果通常持續得更久。

運用於治療師的督導及個別訓練

如前所述，家系圖是團體督導中呈現臨床案例常見的方法，雖然描述個人症狀和家庭發展的口語資料是必要且有幫助的，但家庭雕塑可以提供另一種完全不同的方式去理解家庭，並對案例產生全新洞見。口語資料是從我們的智性與頭腦層次說話，家庭雕塑則讓我們從頭腦移動到我們的本能和對案家的直觀。口語描述可以非常清楚地提供許多家庭事件的資料

51

與細節，不過，為案家關係進行雕塑卻是非常直接又全面，可以選取某個特定的觀察焦點，選取焦點的不同最主要可能取決於治療師的位置。家系圖幾乎可以在不需要治療師個人涉入下就可以完成，然而，家庭雕塑卻需要治療師主動且有創意地投入其中，選擇要呈現什麼，分配家庭角色給同儕（誰演爸爸、媽媽、被認定病人等等），並根據治療師自己對案家關係的理解，把他們放入雕塑中。等到雕塑完成，治療師會從參與雕塑的每位成員那裡聽取重要的回饋。他們會討論自己在雕塑中扮演角色的感受經驗。這個活動能擴展治療師對案家動力的觀點，並協助改變對家庭成員任何僵化或負面的看法。治療師有可能被督導要求進行第二次雕塑，包含治療師與案家的關係。這個活動能突顯治療師在治療系統的位置，也能激發對治療歷程中互為主體的部分進行自我反思。將治療師在案家系統的狀態進行雕塑，是充滿張力而且有效用的體驗，它能避開任何專業防衛，幫助治療師從內在更直接地經驗家庭關係與個別成員的問題，感覺更接近家庭的痛苦及他們的希望。

專業困境的雕塑

　　三十五年來，我一直為不同國家的治療師開設密集課程，主要在探討專業與個人議題之間的交互影響，我稱之為「專業困境」（"professional handicaps"）。治療師經常會在工作中經驗到重複的議題，而形成治療僵局，這些常見議題包括：「我不知道如何與有暴力行為的人工作」、「我傾向在會談中保護孩子不受壞父母的傷害」、「我對於母親們的憂鬱非常敏感」、「如果父親們不太信治療這一套，我不知道如何讓他們繼續投入治療」、「我不知道要如何同理暴力的丈夫」、

「我不知道如何讓小小孩投入治療」。

　　一旦治療師在受阻的地方發現議題，我會探究這是如何與未竟事宜有關或是與自己家庭的共鳴（resonances）有關。我會邀請治療師進行與自己家庭發展有關的雕塑，請課程成員扮演家庭角色，表現出受阻、情緒切割、痛苦的分離、孩童時期的忽略、突然的失落等等。在這樣經驗性工作的最後，治療師的個人議題與專業議題的同步過程，往往變得清晰可見。在家庭治療中遇到的困難，與活躍的個人家庭衝突及未竟事宜有關的議題和投射，兩者之間的關聯性就能突顯出來。這種獨特形式的藝術治療創造出不同的家庭雕塑，有些甚至滿怪異的。例如：一位治療師在不知如何探索個案的文化背景時受阻，於是我要他先做一個雕塑，來描述他自己從一個國家移居到另一個國家的經歷，以及反差懸殊的文化認同，這位治療師可以挑選同儕，以他們的肢體姿勢來雕塑這兩個不同的國家，並展示這兩者之間的情感距離和缺乏連結的部分。了解自身的文化矛盾心理，有助於這位治療師在個案的文化困境中更容易有所進展。

　　另一個情況是，有位治療師很難將自己的想法和感受整合起來，在壓力情境中出現心身反應。我要求這位治療師使用雕塑來呈現她不同的器官與身體部位是如何失去連結。雕塑者挑選團體同儕來扮演她的頭、心臟、肺臟、腸子。我引導她讓每個器官有所動作、運動起來，呈現出彼此缺乏和諧的狀態。她也許也可以用同樣的做法來協助她的個案進行失功能關係的雕塑。

　　所有這些戲劇化做法之目的在於，讓治療師與有問題的家庭工作時，更能覺察自己的情緒觸發因子與自動化反應，並且

52

在與個案工作獲得更多自信和洞察，促進個人成長。這個培訓團體能在個人揭露中提供情緒涵容和安全情境，因此成為雕塑的極佳資源，同時，由同儕在雕塑中角色扮演的口語和非口語的反映，也會產生治療作用。

治療及訓練中的角色扮演

角色扮演（role-playing）源自於莫雷諾（Jacob Levy Moreno）的心理劇，在家族及伴侶治療中，是一種用來處理家庭與個案各種困擾議題的特殊工具。有機會「扮演」一個不熟悉的角色時，無論是扮演自己或是他人，都可以發掘出新的想法和感覺。用不同的人格面具（persona）來說話，探索未曾知曉的動機與樣態，看到家庭成員以不同的模式互動，是很棒的事。這是理解自己和他人的絕佳方法，可以對重要家庭成員或伴侶的觀點和需求，變得更加敏銳。在伴侶治療中，要求伴侶雙方互換椅子和角色，短暫地藉由肢體或語言來扮演對方，可能非常有用。治療師也可以參與，偶而扮演被認定的病人，或是為了小孩的問題而擔心或痛苦的家庭成員。這個簡單、有時有趣的技巧能帶來重要的洞察，治療師能學習體驗「設身處地站在他人立場」的感受，透過語言、動作和身體姿勢來進行角色扮演。

兩個非常生氣的小孩

有一次，兩個美國非裔小孩因不良行為，心不甘情不願地被母親帶來接受治療。他們穿西裝打領帶，表情是十分生氣又叛逆。我沒有嘗試要他們直接參與治療，我知道如此一來治療可能無疾而終；取而代之的，我藉由模仿他們的身體姿勢、感

53

受他們的心情，融入他們。我打領帶、穿著跟他們類似的外套，坐到他們旁邊，怒氣沖沖地看著前方，完全沉默。過了一會兒，我說：「被迫去看某人，不能跟朋友玩，真的很討厭！」聽到這裡，他們轉頭朝向我，一臉好奇地笑著，我抓到機會接著說：「我今天能幫上你們什麼忙嗎？」用這種方式來融入孩子，讓我得以突破本來會阻礙治療的憤怒與防衛。

兩張空椅的特別諮詢

在我的臨床實務中，有許多和伴侶工作的經驗，雙方都是心理師或精神科醫師，通常是為了處理重大衝突而來接受治療，關係因為對彼此的憤怒與競爭而陷入膠著。我曾經見過兩位非常稱職的婚姻治療師，他們卻對彼此的關係束手無策。我建議來場特別的會談，在他們面前放兩張空椅子，代表他們兩人及棘手的伴侶關係。身為專業人士的我們三人，坐在這兩張空椅子前面，必須找到解決方案來幫助這對陷入危機的伴侶。我扮演諮詢者，他們扮演婚姻治療師。藉由將他們分成「伴侶個案」和「伴侶治療師」兩組，我讓他們可以運用自己的專業知識，從不同的角度來看他們的婚姻危機。這就像是直接的督導會談，我們提供給「個案們」的建議非常恰當又準確。這場似真似假的模擬演出，帶給我們很多樂趣，他們也能把所有的洞察帶回家。

運用角色扮演家庭動力，通常稱為家庭模擬（family simulation），在系統取向家庭治療師的培訓上已經行之有年（Donini et al., 1987），這也是極好的工具，用以教導新手治療師如何與呈現各種個人與關係困難的家庭一起工作。角色扮演是一種有趣、表達性的技巧，包含虛構的元素，能以語言或

動作，將渴望、需求及家庭生命週期的害怕和痛苦經驗，催化成戲劇表現。它可以是突顯如何與個案有效工作的一種方法，也可以做為呈現實際應用理論的方式。第一次家庭模擬是在一九五〇年代晚期，由貝特森、傑克森、海利和魏克蘭（John Weakland）在加州帕羅奧圖心理研究機構進行的。他們觀察到，扮演家庭成員角色會引發對被扮演者的行為產生強烈的情感。薩提爾注意到，人們有相當的能力在模擬家庭團體中扮演某些角色，這樣做也能突顯出他們改變的能力。正如同家庭雕塑，在模擬家庭會談的最後，讓每個「演員」在團體中，針對所扮演的特定角色分享，並反映出深層的情緒與想法，是非常重要的（Satir, Banmen, Gerber & Gomori, 2006）。

第五章

家庭功能的評估

三代家庭

　　系統－關係（systemic-relational）的評估，係指在人類關係的複雜動力中，觀察個體的行為及症狀，目的是理解在個體所處的關係脈絡中，影響個體認同及性格發展的歷程，觀察的範圍由家庭開始，並將焦點延伸至學校、人際、工作環境，尤其是更大的社群群體。因此，關係取向的觀察（Relational Observation）試圖藉由觀察過去創傷、家庭情緒切割、婚姻危機、突發失落，以及個案目前行為之間的關係，將個案目前的抱怨與問題，特別是兒童及青少年所表現出的狀況等，和相關的家庭事件連結起來。因此，我們著重在複雜的家庭結構上，因為它是過去（祖先世代）、現在和未來（期望和計畫）的結果。

　　伴侶關係的形成，是思考家庭演變（family evolution）一個很好的切入點，華特克（1989）指出，每一段婚姻（伴侶關係）都代表將兩個文化合而為一的努力，也是兩個家庭「隱形契約」（implicit contract）的結果。無論家庭是否明確、有意識地參與、形成這份契約，都是一樣的。當伴侶關係形成之際，雙方都帶著從原生家庭傳承下來的文化包袱，從那一刻起，就開始整合與協調伴隨對方而來的「嫁妝」，踏上一段既漫長又艱鉅的旅程。儘管這份家庭傳承不一定能夠為對方

欣然接受或共享，它仍然會在雙方的生命中產生無可避免且強而有力的影響。因此，伴侶的形成，並不只是一個新家庭的開始，而是兩個原本獨立的故事情節交錯後的延續，更是一個新家庭敘事的誕生。

　　我們需要以多世代的視角來進行關係評估（relational assessment），而三代家庭房屋的隱喻也能協助我們理解家庭的動力。讓我們想像一下，夫妻住中間樓層，孩子住在一樓，原生家庭住最頂樓。每一樓層的居民在年紀、世代認同、獨特的口語表達和身體語言、生命經驗和責任、面對和記憶生命事件的方式，以及計畫未來和現在生活的想法等都截然不同。對家庭成員來說，由某一層樓搬到另一層，都是讓自己進入一個完全不同的世界。世代的代溝，體現了世代間的整體差異，這種差異會隨著時間在個人、家庭和社會等層面發揮作用。然而，我們也需要觀察水平方向，亦即伴侶和手足之間的關係，以及垂直方向，也就是他們是如何影響或被祖父母和孩子關係所影響。要進行關係評估，治療師需要擴展觀察的視野，在不同樓層間移動自己的注意力，進行「時態跳躍」（temporal jumps），謹慎地觀察世代間界線的品質，以及伴侶間「一體性」（we-ness）的強度，「一體性」的強度則取決於個案依附連結（attachment bonding）的品質（Johnson, 2004）。米紐慶在他傑出的著作《結構理論》（Structural Theory, 1972）中提到，大部分年輕世代所出現的精神病理表現，是由於界限入侵（invasion）、模糊（confusion）及倒錯（inversion）所導致的直接結果。

不同的伴侶結構

探索伴侶的對偶關係，意味著進入了整個家庭結構中最脆弱的領域，這個領域常常負載著逐漸增加的責任感、代間共謀（inter-generational collusion），以及由各自原生家庭所帶來的部分或不完整的分離。不同的文化、教育模式及對生活具體的規畫與組織方式也對這個領域有所挑戰。不論是夫或妻，都是另一人的伴侶，同時也是他們父母的孩子，一旦擁有自己的家庭，他們本身也成為父母。這個功能和角色的網絡是依照兩個軸度所構成，包括不同階層的垂直面向（祖父母、父母、孩子），以及由相同階層的關係所代表的水平面向——配偶、手足、朋友（Andolfi, 1999; Andolfi, Falcucci, Mascellani, Santona & Sciamplicotti, 2006; Andolfi & Mascellani, 2012）。因此，關係治療師不能局限於一個面向，像是只探索伴侶關係的品質或是親子間的互動。治療師能夠擴展視野，觀察家庭組織是如何隨著時間和世代演變，是相當重要的。我們根據代間連結（inter-generational bonds）的品質如何影響伴侶的形成和發展，確定了四個主要的伴侶功能類型，這也影響了伴侶為人父母的方式。伴侶的結構依據彼此的平衡或不平衡程度而有所不同，其與伴侶從自己父母、原生家庭的個人分化歷程有關。這四個類型做為一般概要來說是有幫助的，但很明顯地，它們僅代表每個家庭在連續光譜中所產生的極端情況，而這個連續光譜是由每個家庭成員所擁有的自主（autonomy）和情緒個體化（emotional individuation）的多寡程度所決定的。此外，伴侶也有可能像「夾心三明治」般被夾在上一代與下一代之間。

58

和諧型伴侶（harmonious couples）

兩個人能夠在非常親密、信賴的關係中相互分享及尊重彼此，就是和諧型伴侶。雙方從各自的原生家庭中完全地個體化，任何屬於過去的東西（期待、迷思、傳統、原則）不會入侵這對伴侶的空間和領域，而是雙方帶著各自擁有的價值觀進入關係，就像是一種情感上的資產一般。因此，和諧型伴侶在歸屬與分離上達到了適當的平衡。伴侶與各自的原生家庭有著和諧的連結，過去牽絆和當前關係這兩者之間沒有明顯的干涉。雙方都以正向的方式描述在原生家庭的發展歷程，沒有受到來自上一輩不當的壓力或干擾。他們也能在尊重家庭連結的同時，以審慎評論的角度看待自己的家庭，並保有獨立。他們成功地完成了孩童的發展階段，並在原生家庭的承認和認可下承擔了新的角色和責任（例如成為他人的另一半、家長）。因為在孩童時期沒有經歷負面的三角化關係，他們也與手足有健康和正向的關係。

高衝突型伴侶（high-conflict couple）

高衝突型伴侶常會因為在日常生活中，經驗到具有毒害程度的緊張和痛苦，經常進入治療中。這類型的伴侶會在許多層面上經驗到根深柢固、持續不斷的衝突。他們普遍會發展出親子互動模式，我們也常觀察到，伴侶之間的連結會強烈地受到彼此在原生家庭中未解決的問題所影響。一般來說，伴侶之一並沒有真正從他或她的原生家庭中分離，而是帶著早期情緒切割的經驗，逃離與原生家庭任何形式的情緒和有形的連結，即使當事人仍因與父母或手足的未竟事宜感到憤怒和受傷。

伴侶的另一方則相反，他或她由原生家庭中個體化的歷程失敗了，因此與家庭關係變得糾結，結果往往是，這對伴侶會被未分化配偶（undifferentiated spouse）的家庭所「收養」，因為無論是哪一方，都沒有辦法滋養並保護這對伴侶關係不受原生家庭的侵擾，其中一方涉入太多，另一方則太疏離。事實上，受到早期正向依附對象（early positive attachment figures）情緒剝奪的伴侶，可能會無意識地享受著依賴另一半的家庭，以補償他或她在原生家庭中所缺乏的關愛。

不穩定型伴侶（unstable couple）

不穩定型伴侶是由兩個非常沒有安全感、寂寞的人所組成，雙方在原生家庭中都經驗到類似被忽略、疏離的感受；這個類型的伴侶之間的吸引力似乎會強烈地著重在相互缺乏的關愛上。為了嘗試滿足在原生家庭未被滿足的需要——依附、情感及方向指引等方面，伴侶會無意識地需要對方變成他們從未擁有的父母，因此，在彼此的期待和要求上會導致很大的混淆。這樣的動力不會產生真正的親密關係和共識，而是持續地要求對方要與自己同在、要親近自己，反而限制了雙方的自由，因為他們都沒有能力忍受彼此間存在著距離。缺乏安全感及不穩定，是形成這類型伴侶的主要原因，即使雙方的父母仍健在，伴侶雙方表現得彷彿自己是孤兒一般，父母在情感上是無法提供支持的。我們描述的**社會心理孤兒**（psychosocial orphans）是非常痛苦的，最終，不穩定型伴侶會不斷尋求再保證（reassurance）。如果這樣的再保證無法由樓上（上一代）而來，更糟糕的是，也無法從伴侶的關係獲得時，他們便試著由樓下（他們的孩子）來得到。我們不難理解，一個孩子

被帶到這個世界來填補空白，他／她在安全成長環境中所需要的真正的關照及滋養，將會過早被剝奪。

夾在兩個世代間的「三明治」型伴侶
（"Sandwiched" couple）

現今世界中，高齡化社會產生了一個全新、出人意料的關係模式，並對伴侶間的動力有著顯著的影響：年長的一代更常出現在伴侶關係的發展與孫輩們的教養過程中。普遍來說，年長者的類型有三種：第一種，擁有良好的健康，欣賞年紀為自己帶來的價值，並在個人和社會層面上自由地享受當下的人生階段。第二種，以擔任家庭保母為主要功能，在祖父母的角色中找到滿足感，投入所有的時間給孫子們情感關愛與教育，對父母來說是很寶貴的資源。尤其在伴侶分開後，這樣的情形會更多，因為他們會成為家庭生活的重要參照點。第三種年長者是，身體狀況不佳，心理也不甚健康。對伴侶來說，照顧喪失行為能力的年長父母，是繁重的任務，因為在情感和組織層面上，都必須常年承擔。對第三種年長者族群的關照，依據不同的文化傳統會產生很大的差異性。西方社會中，常常會依賴支持體系，像是護理之家，或是善用居家照護員。東方社會則與西方社會相反，傾向於認為他們必須在家照顧上一代，要求年輕一代犧牲自我。在這兩種情況下，不論是有組織的專業照護，或是像奴隸般付出所有，要完成照顧年長家庭成員的這項責任，所感受到的壓力都是非常沉重的。

伴侶需要照顧上一代的壓力，會隨著成年孩子延遲離家獨立生活逐漸加劇。這樣的現象，尤其會在經歷經濟危機、工作短缺的國家中出現。在這樣的情況中，我們會面對所謂的子女

回巢（crowded nest），與其他社會經濟背景下的家庭演變經驗剛好相反，亦即年輕人從家中離開，而出現**空巢期**（empty-nest phase）。在空巢期階段，在多年專注照顧與撫養孩子後，伴侶需要重新發掘全新觀點，找到情感上的平衡，否則在孩子離開後，他們可能會面臨無法繼續在一起的風險。有許多伴侶，儘管已經快五十或六十歲了，因為陷入兩股力量的拉扯，老一輩的上一代和下一代的孩子，使得他們在維繫擁有活力和重要的親密空間上，面臨愈來愈多的困難，這就是三明治型伴侶的現象（Andolfi & Mascellani, 2013）。

伴侶功能的社會評估

探討伴侶的社會發展可能很有幫助，也就是探討家庭關係以外的層面。第一個要納入考量的面向是伴侶的友誼系統。和諧型伴侶會很開心地把自己的朋友介紹給另一半。伴侶的友誼會豐富彼此的關係，而不會影響他們的決定和情感世界。另一方面，高衝突型伴侶因為缺乏相互信任，在維持共同且共享的友誼上，會遇到很大的困難。每個伴侶擁有各自的交友圈，朋友傾向站在自己朋友的那一邊。在伴侶治療中，評估伴侶功能的一個快速方式就是詢問個案，他們是否擁有共同的朋友。實際上，朋友很容易涉入伴侶面臨的困境衝突裡，而且經常是伴侶一方或另一方的「知己」，這也使得朋友成為治療中寶貴的資源，邀請他們作為顧問參與治療是非常有幫助的。在合作且非評斷性的情境中，他們能貢獻一己之力，對於理解伴侶之間的挫敗感、痛苦和失敗感受至關重要（Haber, 1994）。邀請伴侶的朋友進入治療中，需要注意的是，朋友是伴侶的親密專家，而非伴侶議題的專家。通常，真的有幫助的朋友，與伴

侶的關係都是長期的，與伴侶一方或另一方有共同的成長歷程，或者有共同的家庭發展面向。在這樣的情況下，他們參與治療是具有啟發性的，因為會突顯伴侶目前所面臨的衝突並沒有直接相關的家庭事件或關係困境，有助於更理解其他情感層面。

理解每個伴侶與他或她的工作生活有關的社會認同（social identity）是第二個同等重要的參數。隨著雙薪家庭增加，伴侶在工作上所花費的時間多於在家裡，是很普遍的現象。與同事的關係不僅在明確的職業層面上有相關性，也承擔著情感支持和個人交流的功能。對於和諧型伴侶來說，各自的工作經驗能夠豐富彼此的關係與相互的理解。對高衝突型伴侶來說，工作環境則是一個需要抵禦的威脅和敵人。在雙方的關係較不穩定、脆弱的情況下，並不罕見的，工作環境可能提供伴侶其中一方發展情感外遇或性外遇的機會，而這終究會進一步傷害伴侶之間的理解和信任。

孩子誕生：伴侶關係的重大轉變

由伴侶身分過渡到家人的歷程，是非常具有挑戰的階段，需要認知和情感層面的轉換。原本僅由兩個伴侶共享的熱情和親密，現在要開放納入新來的嬰孩，給這個嬰孩愛與關照將成為優先事項。在這個過渡期間，大人需要學習如何在這個第三者充滿活力存在的情況下，仍能保有對彼此的親密和忠誠。在這個新的三角中，規則、角色和人際空間都需要重新定義、轉化。成為父母，也牽涉了在原生家庭中的連結、責任和角色的轉移，原生家庭需要騰出空間給祖父母的功能和對孩子的愛。

對和諧型伴侶來說，孩子對伴侶間的親密與愛並不是一個

威脅。根據強森（Susan Johnson, 2004）所說，和諧型伴侶在親密關係中會發展出安全依附連結，他們很容易在關係中適應新的事物，為人父母並不會對伴侶的同盟造成干擾，反而會充實彼此的連結，而且延伸家庭會分享並享受對孩子的情感和照顧。我們描述的是否為一個太過完美，以致不可能存在的理想家庭呢？我們會在治療中遇到這些類型的家庭嗎？答案是肯定的，因為我們在治療中看過太多這樣的伴侶了，我們很確定並沒有理想化這個類型的家庭結構，這些家庭之所以進入治療是因為面對突然的不幸或失落。世界上任何一對伴侶或家庭，都會在一生中遇到充滿戲劇性事件。最大的不同在於，和諧型伴侶擁有健康的因應系統和豐富的資源，讓他們與家人在極端痛苦和壓力的情況下仍能應對。我記得與一些伴侶工作的經驗，其中一對伴侶有個正值青春期的孩子，洗澡時因為供熱系統的功能異常，突然死去；另一對伴侶的孩子在出生時只有半顆心臟，這對父母為了讓孩子活下來，多年來，讓孩子接受一次又一次的手術治療。這些家庭並沒有特別偉大，而是這些家庭的伴侶和父母，能夠以令人難以置信的能量、團結一致的態度，去處理生活中充滿急遽變化的情況或是面對悲傷，他們會尋求並接受延伸家庭、朋友和專家的幫助。另一方面，許多伴侶並不知道如何與原生家庭合力面對有生命威脅的情況時，也容易分裂或是瓦解。

62

專業的逃跑者和過度依賴的妻子

　　高衝突型伴侶會出現在伴侶治療中，常是因為他們面臨到因為競爭、無法互相理解，以及背叛等議題所導致的嚴重危機。然而，將他們帶入治療的原因，往往是其中一個孩子

出現心身症狀（psychosomatic）、行為或關係上的問題。在一些作品中（Andolfi, 1994,2002; Andolfi & Mascellani,2013; Andolfi, Falcucci, Mascellani, Santona & Sciamplicotti, 2007），第二種情況即為**偽裝的伴侶治療**（camouflaged couple therapy），最初來治療的需求是因為孩子有症狀，實際狀況是，高衝突型伴侶在各自的原生家庭中，相對來說處於非常不平衡的位置（unbalanced position），因而導致他們在關係中的扭曲。以下就是一個例子。

　　一對伴侶很擔心十三歲女兒在學校的行為問題，因此前來尋求幫助。他們的婚姻出了狀況：丈夫，約翰（John），最近有了外遇，對妻子充滿憤怒，他認為妻子從他們在學校相遇，才十幾歲的時候就開始而且一直控制著他的人生。妻子，卡蘿（Carol），則認為二十幾年來一直扮演母親的角色，丈夫「從來沒有長大」。約翰是非常有名的專業人士，但在家中，他總是在生氣，總是疏離。約翰形容自己最近的外遇是「一種逃離監獄的方式」。當治療師問及他的延伸家庭時，他說他在還是青少年的時候就離家，沒和父母、兄弟姊妹保持聯繫。即使偶爾跟他們見面，但對他們沒有任何的感覺或依附，當然，家人也不知道他現在的狀況與婚姻中巨大的危機。相反地，妻子的家人卻很接納他，簡直就像他是他們收養的。他說他沒有真正的母親，矛盾的是，最後竟然有兩個「養母」，也就是他的妻子和岳母！他的妻子總是很冷靜、明智，從未失去控制，但是她怎樣也不肯承認他外遇了，她認為外遇只是「青少年的宣洩方式」。這對夫妻都相當寂寞：約翰是一個「專業的逃跑者」，而卡蘿很早就從原生家庭中學習到順應他人、保持安靜。她帶著媽媽給予的明智建議，

在與丈夫的關係中複製了這樣的模式。他們的女兒，蕾貝卡（Rebecca），則被父母本身的議題困住了。她背負著雙方的角色——一個明智、過度負責的年輕女性的角色，同時，也扮演了爸爸的叛逆，並透過在學校的行為問題，釋放她所承受的張力。

收養帶來的奇蹟

不穩定伴侶是以失功能的方式建立連結，而這種失功能與相互的不安全感及寂寞有關。他們無法想像分離，不斷地尋求再保證。在原生家庭中，他們常有被忽略或心理疾病的家庭歷史。像是史緹夫（Steve）與珍妮（Jenny）的情況，他們結婚十五年，在過去的八年中，兩人苦苦掙扎於懷孕、嘗試人工受孕卻失敗的情況。最後，他們成功地從亞洲國家收養了一個孩子。他們前來接受治療，是希望治療師能建議他們如何在義大利，也就是他們的家鄉，扶養這個從國外收養回來的孩子，雷（Ray）。雷的樣子和行為看起來都很怪異，而且發展緩慢。治療開始時，這對伴侶給自己的婚姻非常強烈的定義：「我們的婚姻已經死去很久了，我們唯一在乎的只有雷。」小男孩是這個家庭所有思緒和每天活動的中心。珍妮不斷抱怨史緹夫把雷寵壞了，買所有的玩具和電子產品給雷，因為那是史緹夫小時候從來沒有得到過的。史緹夫則說珍妮太過嚴厲又冷漠，她的種種表現儼然就是她童年時期所經驗到的情緒感受，無法擁有親密感、不表達情感、無法得到父母的注意力。這對父母的互動基本上就是互相批評、彼此抱怨，注意力和恐懼完全集中在雷身上。這個小男孩在家有被寵壞的風險，進一步地，他在學校的同儕團體中也可能受到傷害，因為他會扮演「小丑」來

63

吸引他人的注意力。

手足關係的評估

　　普遍來說，手足會一起長大、成熟和變老。手足間的連結涵蓋了家庭生命週期的所有階段，也因為如此，手足是所有家庭事件的見證者、積極的參與者。米紐慶（1974）將手足關係定義為「家庭邊界的守門員」，他認為手足關係代表著第一個社會實驗室，孩子們可以藉此鞏固他們的同儕關係。在這個情境中，孩子們會支持或孤立彼此、指責，或從對方身上學習。在這個同儕的世界中，孩子學習協調、合作和競爭。在治療中，常會忽略手足的重要性，尤其是當治療特別偏愛醫療模式的時候，焦點大部分放在個體的症狀，較少注意家庭的發展。另一方面，不論個案是孩子或是成人，在親子共同參與的家庭會談中，關係的評估都會受惠於手足次系統的出席。手足參與提供了一個絕佳的機會，能夠評估家庭界限的滲透性（permeability）、家庭史所存在的正向或負向三角化關係，並探索世代間的同盟、早期的親職化或情感失去連結，其有時是因為家庭的不公平所導致的，這些不公平與年齡、性別、身體差異和偏袒有關。

　　班克與卡恩（Bank & Kahn, 1982）所定義的「可及性程度」（level of access），是證明手足關係品質的一個重要因素，意思是同一性別且年齡相近，會有高度的可及性。舉例來說，當手足一起玩耍、一起進入相同的學校、擁有共同的朋友，以及分享共同的生活事件時，他們的關係特徵是互惠和同理。共享情感經驗讓手足之間更親密、緊密連結，伴有高度忠誠度，甚至在不適當或失功能的親職情境中，會更加深這樣的

連結（Dunn & Plomin,1991）。在另一個極端上，可及性低的手足，常是屬於不同性別或是有年齡代溝，無法一起分享家庭事件。有時候，他們不住在同一個屋簷下，而且可能表現得彷彿他們屬於不同世代。可及性低的手足，也可能是因為父母撕破臉離婚後，孩子由其中一方帶走，因而不住在一起。除此之外，現今社會中，繼親家庭數量增加，也加劇了手足間的低可及性，因為第一段婚姻所生的孩子與重組伴侶所生的孩子，有著很大的年齡代溝，有時候，也會因為年紀較大的孩子嫉妒新生兒。有些情況則是，孩子的年齡相近，但卻無法合作、分享生活經驗，也有可能是手足的年齡分佈廣泛，年紀最大的孩子在年幼孩子眼中儼然是某種英雄或典範，因此在遇到困難時，就會跟隨年紀大的的孩子（Andolfi & Mascellani, 2013）。

簡而言之，手足間的水平關係，無論性別或年齡，取決於父母有多想讓他們的孩子成為手足，不讓他們捲入負面的三角關係、涉入伴侶間的動力或「家庭使命」中，這些因素有時會破壞手足間自然的世代同盟。在家庭會談的時候，可以在同一個空間觀察手足，藉由觀察年幼的孩子們拒絕參與共同的活動，自由地一起玩耍，或是拉開距離，進而對家庭功能作出假設。在青少年手足間，情況更寫實，我們可以觀察他們的身體語言，以及他們彼此間、與大人的互動情形。使用多世代模式介入時，在治療中邀請成年手足與個案進行一次特別的諮商會談。看到手足們從孩提時期的早期深刻記憶與不同角色，在多年後再次重演，是很令人讚嘆的。

第六章

建構治療故事

家庭治療同盟的形成

　　正如第一章所述，對於陷入困境的家庭，治療介入模式是經驗性的，目標則是透過重新框視病理狀態，審視人們在困境中的正向意涵，尋找個人及關係的資源。在個別治療中，治療的同盟關係僅由治療師與個案兩人所組成，當我們把家庭視為一個團體建立同盟關係時，這個歷程就複雜多了。當一位個案來求助時，他通常知道他在尋找什麼，他清楚自己的動機，也知道自己要從治療中獲得什麼。不過，當伴侶前來求助時，首先，我們需要先了解是否是其中一人帶另一人、有時是強迫另一人來治療，還是他們帶著共同的動機前來。接下來，我們需要了解問題的性質，以及他們是如何定義這個問題。通常，在許多層次上都會有看法分歧的地方。對伴侶而言，即使是最簡單的問題，雙方都會給出不一樣的答案。比如「這樣的困境有多久了？」其中一人可能回答「過去六個月來都是這樣」，另一人則可能回答：「超過十五年了。」

　　當會談室裡面有兩個世代，像是父母帶著有心理困擾的孩子時，情況就更加複雜。父母其中一人也許急切想要來治療，另一人卻反對，或只是陪焦慮的伴侶前來。另一種可能是，父母其中一人尋求治療來幫忙孩子，另一人心裡想的卻是藉由孩子的問題來處理婚姻議題。更別提有問題的孩子可能

完全不同意父母想要透過心理治療來獲得協助的想法，因而否認需要任何協助。所以，我們要如何與整個家庭建立同盟關係，將競爭或分歧的看法轉化為治療過程中的合作和信任呢？此外，身為治療師的我們，要如何避免對家庭中某個人選邊站的風險，甚至複製子女在三角關係中被捲入或處於對立的狀態呢？多年來，在臨床工作中，我們一直在面對這些非常重要的問題。早期，我們所做的努力就是去經歷並記錄各種嘗試，藉著讓我們自己成為家庭投射的暫時性標的，以保護個案避免在僵化的家庭互動中成為代罪羔羊（Andolfi, Angelo, Menghi & Nicolò-Corigliano, 1983）。藉著從錯誤中學習，並更加理解三人關係模式的運用，我們能夠與家庭的每位成員建立同盟關係，同時也以家庭為一個整體，建立起更穩固的同盟關係。我們沒有把自己定位為家庭主要三角關係的第三角，而是學會做關係的連結者，在這些互動中進進出出，在三代的層次上啟動不同的家庭三角關係。

當以三代家庭互動的特定方式去檢視個體，他們就會呈現出複雜的本質，充滿矛盾與衝突。然而，對於治療師來說，嘗試捕捉這些當前行為、經驗與過去感受之間的隱微關聯時，這些互動方式就成為理解每個人內在世界的工具，否則，這些關聯很容易被視為瑣碎且不相干（Andolfi, Angelo & De Nichilo, 1989）。治療關係，就在家庭整體、每個家庭成員，以及過去與現在之間，創造一種動力的變動。因此，我們需要好好理解、均等地考量家庭每個成員所呈現的主觀事實。這就像專業的「雜耍者」，同時拋接三個或更多的球，帶著自信與技巧，不漏接任何一顆球！

要進入家庭和個體的早期經驗並扭轉過去的歷史是不可能

的，比較可能的是，與家庭一起建構一個新的故事。在之前的著作中（Andolfi et al., 1989），我們解釋了如何以我們稱為第三星球（the third planet）的特殊做法，與家庭一起在特殊空間裡建構治療故事。第三星球以一種視覺化隱喻（visual metaphor）提供開放的空間，讓家庭與治療師可以投入、互動，在過去家庭事件與當前問題之間發掘出新的關係意義，並在共享的豐富經驗中促成改變。家庭成員必須是積極的參與者，治療師也要積極、直接、有創意且有趣。我們所採取的是，基於相互影響與情感投入的介入模式，有別於敘事家族治療，後者是透過社會建構論發展出來的，治療師或催化者（facilitator）採取較為中立的立場。在這部分，我們的立場更接近米紐慶（1988）在回答這個問題時的立場：「家庭於敘事治療中的位置在哪裡呢？」事實上，在該篇文章中，他批評社會建構論的政治性假設，即個體與社會環境是主要的行動者，而介於兩者之間的中介者，也就是家庭，卻似乎消失了。不過對我們來說，恰恰相反的是，家庭是個體和其需要，以及更大的社會脈絡之間的天然橋樑。毫無疑問地，從原生家庭進行自我分化、探索過去家庭事件與當前議題的關聯，是治療師深入工作方向上非常重要的基礎。但是，我們理論的出發點，是問題兒童或青少年在我們介入模式中所處的位置。

68

讓孩子擔任協同治療師

從我多年與家庭工作的第一手學習經驗，我對處理兒童問題的醫學模式和主要精神醫學取向已經不抱幻想了。我不否認必須評估兒童的精神病理狀態、為嚴重失功能的兒童提供個別

治療與開藥，或有必要提供短期住院治療，不過我認為，只聚焦在兒童的疾病、讓兒童淪為一個研究對象，並因此剝奪其個人與關係的能力感，會損及兒童且限制助人專業者。父母和延伸家庭成員，因成為精神醫療決策的被動接收者，同樣經驗到無能與失去方向的感受。在許多兒童醫院裡，經常看到醫療專業人員與孩子個別會面，家長則在候診區等待，被動而不參與。多年來，我一直在督導在醫療機構工作的專業人士，看到許多人對病患的特定疾病或失功能狀況以外的任何主題，一副所知甚少或是興趣缺缺的表現時，我大受衝擊。他們對兒童的討論通常僅集中在醫療和對治資訊。可悲的是，許多人並不會考量兒童除了症狀以外，是否有任何資源或優勢，更遑論去考量家庭發展歷史或是看重父母的意見。

在與有問題的兒童和青少年工作時，我最大的挑戰是讓他們擺脫病患的標籤，同時，我一直非常小心地避免給自己貼上專家的標籤，因此，我會為了孩子好，盡快地賦能這些父母。讓有問題的孩子擔任協同治療師（co-therapist）或顧問，已經在一些文獻中討論過（Andolfi et al., 1989; Andolfi, 1994; Andolfi, Falcuci, Mascellani, Santona & Sciamplicotti, 2007; Andolfi & Mascellani, 2013）。我發現，將孩子去標籤（de-lable）最快且最好的方式就是，在家庭會談一開始時就將他們轉化為有能力的主體。這個理論取向可在我在會談中提出的第一個問題時看見，與其問：「你的孩子有什麼問題？」或「我該如何幫你處理孩子的問題？」我會轉而直接問孩子：「我們（治療師跟孩子）今天要如何幫你的家人呢？」孩子常常會感到驚訝，通常會這麼回應：「我不知道，是他們（父母）把我帶來這裡的！」我會接著回答：「你的問題把你的父

母帶來這裡了，所以我們來探討你的問題可以如何幫助你的家庭。」這種重新框視問題，並將質疑的情境轉為探索家庭的做法，有許多優點：讓孩子對尋求他幫助的治療師感到好奇，並讓父母看到治療師非常關切地以積極態度看待孩子的問題，可能在無形中鼓舞父母合作。

尋找孩子症狀的關係意義，是最有創造性、激勵人的治療方法。孩子的行為、表情與身體表現，與父母的某些特徵或關係模式可能有所關聯，例如：一個孩子的遺屎症（encopresis），可以重新框視為讓父母在一起的特別「膠水」；厭食行為可能是對母愛的極致要求；拒學，可以是保護母親免受父親暴力侵害的保護裝置；一張非常憤怒的臉可以是獲得父母關注的「尖叫」；可以問一位憂鬱的孩子是從爸爸還是媽媽那裡得到這麼悲傷的眼神；尿床的症狀可以重新框視為哭泣的小雞雞，透過這種稀奇古怪的隱喻，將孩子的行為與父親無法哭泣與表現脆弱的狀態連結起來。孩子和症狀是進入家庭的特殊橋樑，以辨識家庭發展的轉捩點，也探索人際關係的品質、代間扭曲，並尋找資源和希望。繪製家系圖、在治療中運用風趣為溝通的語言、詢問關係問句，都是與整個家庭建立同盟關係的有效工具。這對孩子當前問題和整個家庭的正向改變是至關重要的。

即使當前問題與伴侶關係的危機有關，孩子在會談中實際或象徵性出席，都有助於與這對伴侶建立較好的同盟關係。如果我們認為主要三人關係的形成始於懷孕期，那麼孩子從出生的那一刻開始，甚至更早，就是大人關係的見證者。在他們的生命歷程中，他們知道很多關於父母的事情，如果我們在治療中提供他們發聲權，他們可以提供治療師有關家庭生活的資

料。當父母陷入混亂時，孩子的聲音時常是被忽略的。不幸的是，許多治療師和兒童保護機構與家長共謀地認為，如果孩子不在家庭戰場中會過得比較好。事實上，經驗告訴我們，這種對孩子的保護性排除往往來自偏見，也來自專業人員無法引導他們純真的能力、無法跟他們玩，也無法從孩子直接且即時的言語中學習。如果我們願意傾聽孩子、尊重他們的意見，孩子就會提供資訊、希望、敏銳度，以及想要幫忙家人的熱切期望。為了培養傾聽孩子的聲音，以及在家庭中找尋正向資源的技巧，治療師必須針對自己下很多功夫。

治療師的內在自我與自我揭露

一九七〇年代，我在費城的兒童輔導診所（Child Guidance Clinic）接受海利的督導，這是米紐慶主持的著名家族治療中心。在現場督導中，我很喜歡從這位非常有名且受人尊敬的督導那裡，聽取犀利又有創造性的建議。這段督導過程的細節，收錄在我第一本書《家族治療：一種互動取向》（*Family Therapy: An Interactional Approach*, 1979）。不過，我並不是很喜歡海利的假設，也就是治療師的內心狀態和有成效的治療是兩回事。當然，那時也是「問題解決治療」（problem-solving therapy）的時代，在治療中，相較情緒參與和同理，不按牌理出牌與策略性介入更受歡迎。當時，我在海利的督導下，與一個非裔家庭工作，這個家庭有一個單親媽媽跟她的孩子們：艾力克斯（Alex），一位患有續發性遺屎症（secondary encopresis）的十一歲男孩，還有兩個妹妹。在那段會談期間，我能意識到我內在的自我是如何受到觸動。事實上，艾力克斯的心身症狀的解決並非是藉由運用策略或行為療

法，而是採取尋找他失蹤父親的直接行動。我清楚地記得，與男孩坐在診所的餐廳裡，討論如何尋找已從家庭生活消失好幾年的父親。艾力克斯的行為退化，但他的心思非常成熟、擁有非常強烈的動機。艾力克斯的父親曾經是卡車司機，所以在獲得他母親的允許後，他獨自在費城南部的卡車站尋找父親。艾力克斯最後找到了父親，他來過一次會談，滿懷內疚與羞愧，但仍有勇氣前來，並重新建立連結，然後「神奇地」，遺屎症消失了！這或許叫做間接介入（indirect intervention），但我看過許多案例，在治療期間，當一些對孩子個人或家庭生活更重要的事情得以實現時，原來的功能障礙就有所改善。對我來說，在我努力成為一名父親之際，這個小男孩以及他尋找父親的行動讓我非常感動。我與男孩的同盟關係，伴隨著我對內在自我更敏銳的覺察。事實上，在治療歷程中，我看見自己內在渴望成為一位父親的某些東西，對艾力克斯的決定有著重大影響。

華特克與賽門（Joseph Simon）曾寫出一篇非常棒的文章〈諮商者的內在生命〉（The Inner Life of the Consultant, 1994），文中談及**脈絡蔽影**（context shadow），並將其描述為，治療師或個案的過去經驗之片段，一旦進入我們的意識之光，就會對治療中的所言所感投注出蔽影。華特克反思自己的內在自我並指出，他會即席演出（enact）他自己家庭中成員的角色，呈現的那個**我**（me）其實是家中的父親、祖父、母親或青少年。他將那些角色全部予以內化，並以即席演出的方式，開啟了將療癒的真義帶入諮商的歷程。因此，治療師的情緒回應，和其與家庭的當下互動是非常有關聯的。

然而，長期以來，系統取向的理論並未在介入模式中納入

家庭的感覺，甚至也沒有將我們可能稱為共鳴（resonances）的治療情緒反應（therapeutic emotional responses），整合到介入模式裡（Andolfi, Angelo & De Nichilo, 1997）。當他們無法適當地重視反移情現象時，就犯了跟精神分析一樣的錯誤。華特克是最早描述家庭治療中反移情的人物之一，他使用各種自由聯想和「瘋狂的想法」（這是他用來定義在治療中所出現的各種幻想和想像的說法），來進入個案的內在世界，以突顯出家庭的扭曲，並創造出更深入連結家庭痛苦與困難的時刻。他的治療目標是愈來愈深入個案的內在世界，以到達無法想像、甚至是不可思議的境地（1975）。

華特克、薩提爾，以及象徵－經驗取向（symbolic-experiential）的追隨者，都把自我揭露（self-disclosure）做為與案家及伴侶分享內在自我的一種方式（Whitaker & Keith, 1981a; Johnson, 2004; Satir, Banmen, Gerber & Gomori, 2006）。當然，對治療師來說，清楚何時和如何揭露自己個人事件、家庭過去的經驗片段，或是簡短描述其他家庭治療過程，是很重要的。首先，治療師要拿下「專業面具」（professional mask），以他完整的自我和人性來執行治療角色。有時，治療師太忙於傾聽對話及理解內容，有可能錯過治療的核心部分，也就是他們在治療過程中的個人共鳴。一旦他們從「做（doing）治療」轉為「是（being）治療師」，就更容易在會談室中感受到自己的感覺，並能享受融入案家情緒流動的自由。

處理家庭的痛苦、憤怒、悲傷等深層情緒時，治療師必須很小心。治療師也許還沒準備好去接觸如此強烈的感覺，而在治療中冒了潛意識投射部分自我的風險，這就是為什麼協

同治療與團體工作（反思團隊〔reflective team〕的存在就是很好的例子）在家族治療領域中備受推薦。在時間與經驗的歷練之下，一位成熟的治療師可能發展出一個內在督導，讓自己處於後設層次（meta-level），來觀察自己與某位或不同家庭成員的互動。這是與家庭一起經歷親密的情緒裝備，有利於治療師的個人成長，並對專業角色賦予意義。此外，透過人類痛苦所獲得的道德力量帶給治療師一種寧靜，魯思唐（François Roustang, 2004）曾描述這一部分，寫得很好，這樣的寧靜能讓治療師接觸到他人的深度痛苦，且無需自己獨自背負。

家族治療師的關係面向技巧

在我執業的早期，有好幾年，我在一位新佛洛伊德精神分析師那裡接受分析，並且也是紐約荷妮精神分析機構（Karen Horney Psychoanalytic Institute of New York）的精神分析師候選人（candidate-in-training），我花了很多時間在躺椅上，我的精神分析師就坐在躺椅後面，無聲地，很少話語，只有偶爾輕微地移動幾下。我的用意不是在這裡反思這種個人經驗對於成長的幫助，只是想說明，許多治療介入模式非常有限且拘束，但同時，我們還是能從僵化結構中學習增進自己在關係面向的技巧。

72

留心傾聽與自我反思

我學習的一個技巧是，容許長時間的停頓及情緒緊繃的沉默時刻。有關許多積極的治療師在保持沉默方面遇到的困難，容我後面章節再敘。保持沉默是很重要的，如此才能在會談中讓非常契合主軸的東西，從情緒的空隙中浮現出來。我也

學會了留心傾聽的技巧，全神貫注於我的精神分析師口中那些罕見卻重要的評論，同時，我專注於我自己的聲音，以及一句話與下一句話之間的停頓。這種一邊說話、一邊傾聽自己的技巧，可能是我們在系統－關係取向之領域中所謂自我反思（self-reflection）的一個面向。然而，從許多乏味卻沒有任何改變的治療中，帶給我最重要的教導是，面對與容忍自己的無力感及個人失敗的能力。同時經驗著個人的無力和失敗，讓我在治療可能也經驗到相同感受、處於困境中的家庭時，有更多的仁慈與同理。和我們身處人類議題裡因角色與職涯而發展良好的浮誇與全能感比起來，因經歷過無力和失敗而隨時間轉化成的有用治療技巧，是更難得可貴的。在我做為一名家族治療師的漫長旅程中，我不得不說，每當我感到與家庭陷入深深的僵局卻仍能心在當下、保持平靜時，我可以接觸並經驗到自己無能為力，但這種無能為力卻反過來激發家庭感受到活力。

融入

融入，是家族治療師工具箱中的關鍵字，在一九七四年由米紐慶首次提出，從那之後，家族治療師以此來迎接家庭，使每位家庭成員感到自在，特別是會談開始個案也許感到十分緊張或焦慮時。幾十年後，米紐慶、博達（Charmaine Borda）與瑞特（Michael Reiter）（2013）在他們的最新著作中，重申了這個原則的重要性，並指出，融入並非一種技巧，相反地，是從治療開始到最後所體現的尊重、同理、好奇，以及邁向復原的承諾所組成的心智狀態。

我經常描述自己對融入的看法（Andolfi, 1979, 1994, 2009; Andolfi et al., 1983, 1989），包括米紐慶所提到的治療

師的一些素質。對我來說，主要重點始終在於，要去了解我們對案家的融入，能帶出的有用程度有多少。有時，我們可以在人們生活與現況中的希望與正向期待裡融入他們。在其他情況下，先接觸他們的痛苦與不安的核心問題，並停留在那裡，會更有用。從一開始觀察每個家庭成員選座位和彼此互動的方式、運用好奇與想像力進行探問、靠近或迴避提出的議題，這些都是我們可以使用的關係技巧，以釋放家庭阻抗和當前問題所帶來的壓力。

　　融入是取得家庭成員信任的第一步，他們會不斷檢核我們的意圖之真實性，以及處理他們議題的能力。家庭很快就會明白我們是否真的關心他們，他們對我們是否可靠的判斷，比較是著眼在細微的手勢和眼神接觸等細節，而非基於我們對治療計畫的口頭與專業描述。融入並非意味著我們要同意案家期待我們做的事情。他們也會因為我們堅定的態度、提供穩固的涵容與一致的結構，以幫助他們正視他們的問題，而信任我們。華特克將這個階段稱為「結構之戰」（battle for the structure），指的是治療師必須為治療脈絡的品質負責。毫無疑問地，我們需要制止家庭成員想要對他人強加指責或歧視的任何企圖，或是想支配治療探討主題的優先順序。有時候，母親或其他家庭成員會因為焦急地想要解決問題，在第一次會談才坐下時，就迫不急待地描述個案（孩子或青少年）的症狀。任何想要擴展焦點或讓家庭投入會談的行為，可能都會被視為是浪費時間或偏離「真正問題」。因此，我們必須藉由開啟新的機會來引發家庭每位成員的合作，不與父母對立，為有建設性的轉換主軸提供安全可靠的基礎。

莎拉和抗憂鬱劑

　　有一次，我花了整整一個小時聽一位母親說話，她給我看她女兒莎拉（Sara）服用的所有抗憂鬱藥物，鉅細彌遺地描述過去十年間女兒的情緒與負面行為。在會談結束時，這位母親感覺好多了，不只是因為我聽她講了很長的話，也因為我好奇地仔細看了所有的藥物處方，沒有打斷她；沉默的女兒也因我對她母親和她的同理連結而被打動。事實上，在會談中，我選擇坐在莎拉旁邊，試著設身處地「站在她的立場」感受她的心情，與她共同在那份沉默裡。同時，在聽這位母親說話時，我將一直放在手上的玩具遞給她，隱微地向她傳達支持。會談結束時，我轉向莎拉對她說：「妳媽媽今天一直在告訴我們她有多愛妳，因此，我相信我們現在已經準備好，在下一次會談中好好地了解妳和妳的家人。」這位母親微笑著，感到被認可，她放鬆下來，完全同意這個提議。莎拉把玩具還給我，帶著感激與放開心房的微笑說：「謝謝你。」

坦然直接

　　過度保護和保持政治正確，都是根據關係體系而運作，也就是對那些看似脆弱、容易受傷害的人（多數都是兒童）隱藏困難的現實或真相，而坦然直接（being direct），正是解決過度保護和政治正確的真正解藥。這兩種作為皆是一種防衛，用以避免在情感關係中面對衝突和失落的威脅。坦然直接，意味著真誠且直達問題核心的能力，不拐彎抹角。這是一種關係技巧，旨在藉由表明我們的觀點與直覺，以真正的好奇、開放與每位家庭成員連結，我們因此能夠毫不猶豫、毫無偏見地接觸個案的衝突或痛苦（Andolfi & Mascellani, 2013）。坦

74

然直接有可能產生治療性挑戰，但卻大大有別於在某種程度上的威權主義或強加於他人的意見之上的指導性立場（being directive）。考量孩子的狀況時，我常這麼說：「令人痛苦的事實遠勝於美麗的謊言！」父母和治療師通常傾向針對困難的事實撒謊，為了保護孩子而保守祕密。

血友病的故事

我記得一對有著過人勇氣的父母，終於能在會談中分享他們是如何發現兩個兒子患有血友病。第一個孩子出生後隔天，院方就告訴他們孩子有狀況。他們分享當時知道這個消息的反應。父親抱著大兒子，看得出來他的感動。他提到第一個孩子出生時那難以言喻的快樂，接著是第二天院方告知他時，「整個世界像是在他身上崩塌了。」母親說：「我多給了你一天的幸福，我一開始就知道了。」這時，我鼓勵男孩去注意父親的勇氣，更重要的是，父親藉著向他們分享最深的情感時對孩子傳達出的重視關心，緊接著，孩子把頭靠在父親的胸前並親吻他。值得一提的是，有很長一段時間，父母兩人都否認血友病是一種嚴重疾病，他們面對孩子的方式就像孩子只是得了流感。做為一位治療師，坦然直接並獲得父母和孩子的信任，讓父母在相互關愛與尊重的氛圍裡，從難以維繫的謊言中轉為揭露自己真實的感受，並接納困難的現實。

母親自殺

在另一個案例中，一位父親帶著兩個兒子前來會談，因為一個孩子在學校有些小問題。在電話初談中，我問男孩的母親在哪裡，這位父親停頓了好一會兒後告訴我，孩子們的母親自

殺了，但他們並不知道這個悲慘的真相。在治療過程中，我直覺且直接地探往母親神秘死亡的事件。孩子們給出了非常模糊的答案，只知道母親四年前因為某種疾病在醫院過世了，但在治療期間，他們從未要求父親說明。我鼓勵父親用面對成熟青少年（而不是兩個小男孩）的態度來跟孩子說話，他感到放心且安全，以至於能打開心，詳細描述她自殺的情況。時機到時，我鼓勵父親坐到兩個兒子中間，敞開心表達對他們的關心。孩子終於聽見了非常悲哀的事實，但仍比困在祕密裡來得健康。

坦然直接是非常重要的治療技巧，有助於我們讓個案放心，並讓他們得以揭開痛苦的議題。當然，在家庭成員和治療師之間缺乏相互信任時，家庭祕密不可能那麼容易解決。強迫人們揭露祕密或謊言可能會造成傷害與虐待，治療師必須找到正確的時機，治療情境必須足夠安全，才能讓家庭有所轉變。治療師需要感到自在並專注於自己內在，才能做到真誠和坦然直接。

有趣和幽默

有趣和幽默，可說是讓家庭和治療師共同投入治療最有創意與個人性的方法。到目前為止，家族治療師仍然很少使用，反而比較喜歡採用成人的嚴肅對話方式。也許，表現有趣讓治療師在治療中之所以感到不自在，和治療師在會談中從理解情緒狀態到反映情緒狀態的困難有關。理解是基於對口語資料的認知分析，有趣幽默的表現卻有一種假想的成分，讓我們能藉由語言和行動，將期望、恐懼和痛苦的經驗戲劇性地呈現出來。為了做到有趣，而不是觀察他人有趣之處，首先，治療

師必須重新發現風趣詼諧對自己的價值，將其做為在治療中互動與尋找資源的工具。因此需要治療師學習運用自己和個人特質，例如性別、年齡、說話與笑的方式，依據情境的需要來靠近或遠離（Andolfi et al., 1989）。如果治療師知道如何在會談中扮演不同成員和角色，甚至，知道如何從一個世代移動到另一個世代，一下子像個孩子，一下子像個長輩，家庭成員就能擺脫刻板的功能運作，而不被框住（Whitaker & Keith, 1981b）。

有趣地運用語言

　　有趣地使用語言，有助於我們建構一種源於影像和繪畫的隱喻語言，有時可以遮掩或轉換深沉的情感、被否認的恐懼和衝突，以及失功能的關係模式。這種基於視覺圖像的語言，比起在會談中使用抽象概念或口語陳述的語言，具有更久更深的持續力和認知共鳴。由刻意保持隱晦模糊和不完整之視覺圖像的語言中，其所激發的好奇心，有助於讓個體和整個家庭投入一個屬於所有人的治療故事。

76

有趣地運用物件

　　如果有趣的行動能帶來較好的效果，那我們就必須承認，在家族治療中，演出（acting）是探問與收集資料的有用做法。我們在一些著作（Andolfi, 1979; Andolfi et al., 1983, 1989; Andolfi & Mascellni, 2013）中指出，為了創造或發掘重要的連結，隱喻性語言和隱喻性物件之使用，著實仰賴我們與個案進行有趣互動的能力。讓治療師或家庭成員選取他們覺得適合的具體物件，在治療中代表家庭的行為、關係、互動歷程

或規則。這些物件讓治療師能夠有趣地運用他的觀察，也就是說，有趣地透過創造性的想像，以激發治療師產生新的關係連結。治療師將這些物件交給家庭成員，反過來要求他們有趣地進行自己的聯想。一頂小皇冠、帽子、鞋子、一排書、球、領帶、小面具、圍巾、洋娃娃、塑膠劍、家庭圖片、世界地圖、一張空椅或高腳椅等等，都是可以在會談中使用並轉換為關係連結的物件。這些物件可以改變狀態與意義，其取決於它們所代表的脈絡架構、以及所代表不同人的功能運作與特定互動方式的強度。隱喻性物件能對人們的衝突和恐懼產生深刻的影響，我在我的書中舉了幾個例子。由於**假如**（as if）這個訊息取代了一般語言中是／否（yes/no）邏輯，具體與抽象，以及隱喻與現實的交替運用，給治療系統帶來了不確定性與可能性，為改變開啟了新的大門，也帶來輕鬆與趣味的感覺。在《家族敘事治療》（*La Terapia Narrata dalla Famiglia*, Andolfi, Angelo & D'Atena, 2001）一書中所記載之家族治療的長期追蹤研究中，對於運用語言和物件的隱喻效果，提出了非常有說服力的證據。家庭在三到五年之後針對治療過程記憶最深刻的部分進行回饋時，通常會回答上述所列的隱喻性物件具有最長期的效果。

有趣地運用玩具

讓孩子在會談室中參與會談的一個簡單做法就是使用玩具。此外，治療師也許會提供自己的物件來開啟一段特別的對話，這麼做往往能讓手足和父母共同參與其中。從某方面來說，在會談中跟孩子、成人一起有趣地互動是很好的，讓個案享受有趣的氛圍，特別是當這種氛圍並非家庭常有的經驗

時。孩子也許會說：「他們都不跟我玩：我爸爸忙著工作，我媽媽忙著家事。」很多時候，玩，成為一種關係語言，以一種非常有力又輕鬆的方式，開啟關於家庭問題的對話，如：擔心孩子的問題或婚姻衝突。好玩有趣的正面結果是，有助於繞過 成人的防衛和僵化的思考模式。就我個人而言，我總是在會談時帶著可以動手操弄的物件，例如彈簧圈或任何我可以用手玩耍的彈性物件。除此之外，我也會以此做為從會談的情緒張力中抽離的方法，物件會為我提供一個管道，能專注於我對家庭的內在想法。在其他情境中（就像前文所述的莎拉），我喜歡把物件拿給某個家庭成員，例如有問題症狀的孩子、過度涉入的母親或是疏離的父親，來傳達我的同理，或是讓過度投入的成員保持沉默。

運用幽默與笑聲

幽默，可定義為感受與享受荒謬或好玩事物的一門藝術。幽默還有一種內含的關係功能，能以輕鬆的方式來處理情緒衝突或外部壓力，也能讓人自嘲、不那麼嚴肅地看待事情。幽默本身並不包含嘲弄或諷刺才有的輕蔑或侮辱的意涵。在心理治療中，好些作者皆描述了幽默的用處，諸如：降低人際互動的緊張（Schnarch, 1997）、形成韌力（Nisse, 2007）、強化治療同盟（Gelkoph, 2011），以及透過挑釁來挑戰個案的內在參照架構（Farrelly & Brandsma, 1974）。

幽默跟有趣有很多共同點，兩者皆涉及一種後設溝通，也出現在像是處於搏鬥遊戲的父子或伴侶之間。隱微地，參與其中的人知道不是真的在搏鬥，而當攻擊出現之際，也促進了新鮮的親密感。當我們以一種家庭接受且喜愛的方式，引入有趣

的工作架構時，幽默和笑聲可以轉化人際互動的意義，每個參與者內在開始重新定義現實。幽默和彼此的笑聲提供了有趣的新情境，允許人們有趣地面對問題，而不覺受到輕視或評判。如此一來，有助於去除在治療中互相指責和毫無幫助的針鋒相對。如果一個人能夠直言不諱且保持樂觀，即使面對非常嚴肅的問題，笑看一切將能產生積極的效果。華特克就認為，幽默是進行介入之前需要施打的麻醉劑。

笑，在治療中有多種作用，既可以是外化問題和增進同理的有力工具，也能容許瞬間爆發的張力，有助於釋放治療歷程中的壓力。在有些情況中，大笑之後的沉默，能產生全新的自我反思。笑聲也許會引發一個家庭成員絕望地向另一位成員一瞥、突然流淚，甚至離開會談。在其他情況中，笑，有助於驅散家庭中的乏味和無望感，並重新注入希望。只有在安全情境下，才能活化家庭資源，因此，為了達到有意義的效果，幽默和笑聲必須在適當時機中謹慎運用。

家族治療中的儀式與戲劇化

無論規模大小，家庭儀式都賦予家庭生活質感與意義。日常儀式、假日傳統、重要典禮，都標記著我們的歲月，創造難忘的回憶，並在文化上定義我們身為個人、家庭成員及社區參與者等身分。我們相信，由家庭成員共同接受治療的家族治療本身就是一種儀式，也許與任何一種儀式化之心理治療性交會（encounter）是一樣的。會面的頻率、場地的安排、空間的運用、對話的結構，以及家庭成員和治療師分配扮演的角色，全部都是儀式情境中的要素。有些作者描述在家族治療中使用的特定儀式（Selvini Palazzoli, Boscolo, Cecchin

& Prata, 1978; Imber-Black, Roberts & Whiting, 1988; Andolfi et al., 1989）。依據不同階段的家庭生命週期（如婚禮、喪禮、出生、再婚及收養），或相關的家庭困難議題（如酗酒、性功能障礙、疾病），不同的理論模型皆有特定的治療儀式。治療儀式也涵括了人們生活的多元文化面向，包括更大的社會脈絡，例如：懷特（Michael White）與艾普斯頓（David Epston, 1989）敘事治療師的工作，或在巴西的福塔雷薩（Frotaleza, Brazil）採取脈絡治療取向（network therapy approach）的巴萊多（Barreto, 2008）。此外，米蘭學派建立了非常精密的儀式和規定，起初是為了讓治療團隊使用各種假設來討論家庭關係模式，後來則成為會談結束時對案家的規定。這種形式的儀式是來自治療團隊的指示，讓整個家庭參與在一些誇大或打破規則和家庭迷思的活動中（Selvini Palazzoli et al., 1978）。在我的臨床工作中，我偏向從認知模式轉換為更經驗性的模式，如米蘭團隊的方法。如本書所述，戲劇化、家庭雕塑及隱喻物件的使用，讓治療師在會談中，從抽象概念的理解，轉為以具體方式呈現家庭衝突、恐懼，以及失落。

我成了丈夫的踏腳墊

在家庭的語言中，意象（image）的使用十分普遍。治療師可以決定收集這些意象，並將其轉為戲劇化行動。讓我們探討一下「我成了丈夫的踏腳墊」這句讓人不快的語句，與這句話在會談中所呈現的意涵，兩者之間的不同。在會談中，讓踏腳墊這個意象變得生動，可鼓勵伴侶盡可能地表達這句話代表的情緒意義。踏腳墊變成一個切入點，一開始是用來處理婚姻

關係，而在建構治療故事的同時，從其他層面來看，踏腳墊也許可擴展至其他關係上。表現得像踏腳墊的傾向可以在其他世代中進行探討：「妳是從哪裡學到這樣做的？」「誰是妳原生家庭中的踏腳墊？」「誰會在這個踏腳墊上清潔鞋子？」治療師可以放大這個不舒服，請妻子選一個最貼近她感覺的踏腳墊，真的把它帶來會談，透過「很高興能看看妳先生是怎麼走在踏腳墊上的」來進一步外化。藉由非常具體的行動，來放大夫妻的關係模式，加入有趣與喜劇的成分，或許能幫助這對伴侶走出失功能的互補模式，找尋全新且對彼此更有益的相處方式。

離婚的儀式

我曾經跟一個丹麥家庭進行過一次諮詢會談，這個家庭有個患有厭食症的十五歲男孩，法蘭克（Frank），父母幾年前離婚了。由於母親很關心孩子，所以兩位家長曾共同前來會談。這個案例已在《青少年之聲》（*Teen Voices*, Andolfi & Mascellani, 2013）一書裡清楚地討論過。就像這個案例一樣，很多父母雖然已經分開，卻無法結束婚姻關係中的劇本。即使法蘭克的爸爸已經搬至鄰近國家，他的前妻仍表示：「這輩子我不會再有別的男人了。」這個男人在處理事務方面也繼續依賴前妻的建議，甚至包括選擇伴侶；很明顯地，這位前妻也樂在其中。這種缺乏界限的混亂嚴重影響了他們孩子的情緒發展，姊姊扮演的是很難對付的叛逆角色，法蘭克則持續做母親的小乖乖，用他的症狀行為填補丈夫角色的空缺。在法蘭克的幫忙下，我們完成了家系圖，提供我們很多關於原生家庭的重要資訊，並由此開啟了治療性儀式。儀式

中，這對父母面對面地表明離婚的用意，並切斷兩人之間所有令人困惑的連結。與此同時，為了讓法蘭克逐步有所改善，父親必須明確宣示他會直接履行親職責任，而不是都委託給母親。

當家庭成員與治療師彼此建立信任感之後，就會看到家庭儀式的力量與效果是很驚人的。而當敵對伴侶在治療的協助下達到和解的時刻，儀式也會非常有用。在會談中進行再婚儀式，可以正式確認和慶祝一對伴侶新的盟約關係，可以邀請孩子、親戚和朋友一起參與治療性婚禮，為他們未來的人生慶賀。儀式也可以藉由重建悲傷情境，處理突然或戲劇化的失落，讓個案從極深的痛苦或恐懼中重生。接著以一個案例來說明。

被殺哥哥的儀式

一位父親因長期的惡夢，以及將自身深切的恐懼投射在正值青少年期的女兒身上，前來接受治療。他擔心女兒會死於暴力，無論是意外或謀殺。他因為這些可怕的幻想而難以入睡。在探索他的家庭史後，發現了一些創傷事件。當他還是小孩子時，大人告訴他關於一樁祖父輩的恐怖謀殺事件。然而，更可怕的事情是跟他的哥哥有關。二十年前他哥哥在一間地區醫院中遭槍殺身亡。由於這起謀殺以及隨之而來的法律糾紛，父母為了保護他，將正值青少年的他送往遠離家鄉的地方。我提議在他心愛的女兒面前進行一場特別的治療儀式，幫助他擺脫這些駭人的恐懼。我要個案回憶死去的哥哥所經驗最可怕的時刻，為了讓這一切畫下句點，他要用自己的話跟死去的哥哥直接對話與道別，讓他能夠不再帶著悲傷的負擔，在自

80

己的人生中自由地前進，也不再為女兒的人生感到恐懼。為了催化這個儀式，我請一位同事來代表這位死去的哥哥，在治療室中，像死一般躺在地上。

看著我的個案融入這個經歷，是非常不可思議的。他想像哥哥在太平間剛死去的樣子，非常溫柔地撫抱哥哥，開始訴說身為弟弟的經驗，回想起哥哥身為長子，是母親最愛的兒子。他也表達了他所經驗的失落，首先，也是最重要的，來自於哥哥戲劇化的死亡，其次是，他馬上被送到遠離父母照顧與關愛的地方。當他經歷這個象徵性告別儀式時，他的女兒坐在我旁邊，默默地參與這段深刻的經驗。令人欣慰的是，在這個儀式之後，這位父親不再害怕恐懼了。

第七章

治療性交會的語言

人類與動物的區別在於，人類擁有語言能力，我們透過 82
口說，或是身體語言、表情、姿勢，以及沉默來表達。瓦茲
拉威克、巴費拉斯及傑克森（1967）在他們系統理論的架構
中，闡述了一個重要的概念，人類在與他人的互動中一定會溝
通。每一個行為，包括沉默，都是在傳達關係的訊息。在治療
中與家庭工作時，我們必須學習如何全神貫注，充分理解口語
及非口語溝通的知識，尤其是遇到來自不同文化的家庭時，因
為他們擁有我們不熟悉的語言、文化及關係規則。在這樣的情
況下，光是翻譯和聆聽話語是不夠的，我們也需要詮釋所有傳
達基本價值觀的非口語訊號，並且欣賞不同文化保有的多樣
性。因此，一個有能力的治療師需要學習如何聆聽，並重視每
一種語言表達，不論是熟悉的語言或是外語。治療師也需要在
家庭工作中成為不同語言的翻譯者，讓兩性，即男性及女性的
語言都有發聲的空間，也讓成人世界、青少年世界與兒童世界
的語言擁有發聲的空間。

在前面的章節中，我們看到，對於治療師來說，不能僅是
理解成人的語言，理解兒童象徵性及遊戲的語言、或是青少年
古怪和矛盾的語言，有多麼重要。康普諾（Theo Compernolle,
1992）在與兒童的工作中，注意到家族治療是如何受到以成
人為中心（adult-centricity）所苦，突顯了許多治療師因為將
成人的觀察立場視為唯一和普遍的評估方式，而在以兒童的觀

點看待現實時遇到困難。除此之外，有些治療師在面對有問題的伴侶互動時，發現他們難以打破對自己性別認同的限制，因而阻礙了他們去理解和自己不同性別的個案在口語和非口語的表達。在接下來的幾個章節，我們會探討治療性語言的廣闊本質，區分口語及非口語訊號，並以沉默的溝通面向做為結論。

治療性對話的基礎

從蘇格拉底時期開始，兩個或兩個以上人們的對話，就是一種強大的知識工具，尤其藉由這樣的對話，讓我們在每次出現新素材時都能得出不同的結論。事實上，蘇格拉底雖擁有最出色關係心理學家的覺知，也不認為自己具有先入的知識可以傳授給門徒。相反地，他教導他的門徒批判性思考的重要性，並且需要利用**對話－辯證方法**（dialogic-dialectic method），澄清自己的內在推理。

從會談一開始，治療性交會（the therapeutic encounter）就取決於理論模式與交會發生時的脈絡。因此，精神分析會談與醫院的評估（為了評估精神疾病所設計的）非常不同，甚至與家庭治療的會談更不同。如同蘇格拉底時期的師徒關係一樣，每個介入都必須遵循在脈絡中明確定義的方法。系統理論，是一種研究家庭關係的革命性方式，遠離了舊有的線性因果關係（linear causality）——也就是根據醫療模式，在精神病理狀態中尋找因果關係。相反地，循環因果則相信，知識是透過評估問與答所傳遞的信息差異，以及分析意義框架行為的複雜系統而獲得的（Bateson, 1979）。如同貝特朗多與塔非那提（Paolo Bertrando & Dario Toffanetti, 2000a）所陳述，利用循環問句（circluar questioning），能夠突顯不同家庭成員的

思考方式中所隱含的差異，這是米蘭學派（Milan school）重要且創新的貢獻，湯穆（Karl Tomm, 1988）則以他提出的反思問句（reflexive questioning）進一步詳細闡述。儘管非語言溝通是很基本的，不過口語語言的中心性會影響整個會談，所有的焦點都放在談話上。在創造問句（Question）、新問句（new question）、再形成（reformulation）及儀式時，都需要特別注意口語細節及用字選詞。米蘭治療取向，就像貝特朗多與塔非那提所說，毫無疑問是那段時間中最「以邏輯為中心」，也成為日後敘事（White & Epston, 1989; White, 2007）和談話療法發展（Keeney, 1982; Anderson & Goolishian,1988; Anderson, 1997）的基礎。這個時期所形成的假設，也朝這個方向發展，加上循環問句及中立性，皆是進行會談時基本的指標，系統治療師也在之後的幾十年間廣泛運用（Selvini Palazzoli, Boscolo, Cecchin & Prata, 1980）。治療師被鼓勵以收集來的家庭資訊為基礎來形成假設，不論是在最初的評估，或是在治療會談期間皆然。形成假設，是治療性調查的開始，假設的有效性會在會談進展中得到驗證。形成假設的歷程，包括了與治療小組的會前會（pre-session），治療小組代表一種「集體心智」（collective mind），任務在於尋找能帶來助益的意義，讓治療師據此與家庭進行治療。事實上，在這個準備階段，家庭肯定是在場的，只是以間接的方式，也就是透過閱讀先前由家庭成員所填寫的非常詳細的表格來進行。這些年來，即使是最正統的系統學派都出現了很大的改變，其中一個值得注意的改變是，治療中立性的爭議概念，轉變為與之完全相反的一面，也就是治療好奇性（therapeutic curiosity）（Cecchinm, Lane & Ray, 1992）。儘管如此，治療師的角色

仍著重「心智」多於行動，重視認知更甚於情緒訊息。

多世代模式的家族治療接受系統理論的根本理念，但將更多的焦點放在多個世代的家族歷史發展上。在這個模式中，與家庭工作意味著，無論在我們進行家庭的概念化或治療過程中，都會將兒童或青少年含括進來。米蘭學派的追隨者所描述的治療性談話，較多與成人的對話有關聯，比較不適合處理兒童的嬉戲且象徵的語言、或是青少年古怪又矛盾的口語表達。而我們不願在與家庭見面之前就形成計畫與假設，就像華特克所說的：「瞞著他們。」我們更寧願相信第一次會談時所有的家庭成員共同形成的動機。即使最初前來尋求幫助，是因為家庭成員出現症狀行為，或是伴侶之間陷入危機，只要所有的家庭成員都感覺到他們自己也能在治療外有所助益，就會發展出共有的動機。同時，也要尊重並納入轉介系統（家醫科醫師、醫院、學校、家庭成員或其他臨床工作者）的動機。然而，非常重要的是，不要搞混前述的動機與家庭前來治療的動機。

在第一次會談前，家庭成員就開始參與了。我們的慣例是，要求尋求治療的家庭成員發送書面資訊，以描述家庭的組成和尋求治療的原因，包括家庭的歷史、家庭發展中的相關事件等細節。一般來說，媽媽是那個為了陷入麻煩的兒童或青少年而來尋求幫助的人，通常也是提供資訊的人。我們發現，透過這個提供相關資訊的歷程，能幫助她們感覺自己是有用的、有能力的。無論是她們所提供的或遺漏的資訊，都同樣令人感興趣。通常，她們會給予我們「用心寫，而不是用腦袋寫」的寶貴且客觀的訊息。在治療期間，需要納入個人的解釋與其他家庭成員提供的事實。這個「部分事實」

（partial truth）的現象，我們可以定義為**多元偏好性**（multi-partiality），這一點在伴侶尋求治療時特別明顯；在這個情況下，個人涉入與可能產生衝突的程度，都會更強烈。基於這個原因，我們會要求伴侶在第一次會談前提供有關各自的資訊，讓我們能夠從雙方收集到不同、有時候甚至是相反的資訊。

資訊的收集與選擇

第一次見到家庭時，我們需要根據所使用的模式、情境及治療目標，決定如何傾聽，並選擇關於特定問題的資訊。要聽到並記住一個或其他家庭成員在聯合會談時所提供的所有內容和細節，幾乎是不可能的，而且從很多方面來說，是沒有用的，因此，我們面臨的問題是，如何傾聽？該傾聽什麼？以及很明顯地，如何問問題。

顛倒漏斗

家庭常會為特定的議題提供大量的資料，如此龐大的資訊量可能會令人難以承受。治療師的主要目標是，從這些大量的資訊中選擇重要的訊息，以探索和議題相關的部分及家庭的發展史，否則可能會因此受到阻礙，重點在於品質，不在於數量。我們利用顛倒漏斗的隱喻，來形容治療師所處的位置，治療師只選擇與議題最相關的資料，而這些資料會通過漏斗最狹窄的部分，讓其他資料留在漏斗之外。

伊迪絲的故事

現在讓我們來看看案例。一個家庭為了正值青春期的女

兒，伊迪絲（Edith），前來尋求治療，伊迪絲患有厭食症，多次因此入院。整個家庭都非常擔心，父母已經分開很長一段時間，他們詳細描述伊迪絲在餐桌上的行為，以及她面對食物的所有儀式，我則感覺被淹沒、困住的危險。為了避免這個狀況，我插入了一個看似無關緊要的問題，我問他們以前是否擔心過大兒子，派翠克（Patrick）。這對父母聽了之後看起來很難過，開始談論兒子罹患的遺傳性胰臟疾病，這個疾病也對母親與外祖父有所影響，外祖父最近剛因此過世。我利用顛倒漏斗的隱喻做法，篩選並選擇了與派翠克疾病相關的訊息，以及這個疾病跨世代的因素，與妹妹厭食相關的訊息放在一起思考。我發現，手足間是如何透過疾病，無意識地爭奪父母的愛與注意力。在初次會談的歷程中，這個家庭並未提及派翠克嚴重的疾病，因此這個發現讓我能用完全不同的角度看待伊迪絲的厭食。與其把厭食症視為怪異且退化的行為，它更突顯的是伊迪絲需要父母的注意力——父母因為派翠克的疾病，將太多的注意力放在他身上。我將伊迪絲的厭食症重新框視為一種她需要感受到父母的愛和關心的極端信號，這對父母覺察到女兒感覺被忽視，以及她需要他們的愛和關注來說，是重要的一步，也讓多年來互相疏遠的手足建立起健康的同盟關係。

治療的拼圖

我常被要求描述在與家庭工作時的思考歷程，這些歷程常展現出一種近乎神奇的直覺過程。答案並不簡單，而且我相信，這些奠基於我能在家庭故事中看見「少了什麼、什麼是沒有說出口的」，這種能力的磨練，能將缺少的拼圖圖片與家庭所經歷的問題連結起來，這種覺察能帶給家庭轉化的效果。毫

無疑問地，這裡存在著一種類似於獵人或偵探的治療直覺，加上健全的好奇心，讓我們能將故事中明顯不連貫的部分連結起來。在剛剛所描述的家庭中，每個家庭成員都持續承受著遺傳疾病治療中沒完沒了的醫療介入所帶來的痛苦，這勢必會影響家庭的幾個成員，最終導致了父母關係破裂與分離。伊迪絲的厭食，這個新疾病一發作，為原本已經很有壓力的家庭系統再添張力。這個家庭分別經歷了這兩種不同類型的疾病，派翠克的疾病容易獲得理解與同理，因為他對這個疾病沒有任何的選擇權。然而，由於邁向康復的過程中內在的選擇因素，伊迪絲與厭食症的奮戰、她與生死的搏鬥，則變得難以得到理解與同情。在這兩個充滿戲劇張力的事件之間建立重要連結，可以為家庭帶來轉變，並鼓勵家庭擁有力量和資源。把拼圖的圖片拼湊起來，能讓家庭感覺到他們可以一起做到。曾經因為疾病而分開的伊迪絲和派翠克，可以健康地經驗到手足之間新的同盟關係。

事實上，這就是多世代家族治療的目標——一種教導治療師將家庭視為一個治療的拼圖，學習去好奇少了什麼、什麼是沒說出口的，並且辨認、連結這些缺少的圖片，如此才有助於辨認家庭中的資源，並在家庭中創造轉變，讓家庭能夠感覺到，他們可以一起面對生命的挑戰。家庭感受到力量和團結，而不是迷失與寂寞。最終，在不連貫之處建立起橋樑，以形成完整的圖案。

重新框視及關係性陳述

重新框視

在系統取向治療中，重新框視一直是一個很好使用的關係

工具。一開始，我們對重新框視的理解是，一種主要以語言為主的策略，提供家庭所面對的問題一個新的詮釋。「重新框視」一個症狀或行為，代表改變症狀或行為的意義。在近期的家族治療歷史中，重新框視這門技巧已經以不同的方式使用（Elkaim, 1990; Cade, 1992; Flaskas,1992; Sluzki, 1992; Sprenkle, Davis & Lebow, 2009; Flourie, 2010），而且深深啟發了艾瑞克森的催眠工作（Erikson, Rossi & Rossi, 1976），以及海利的策略治療，此外也影響了米蘭學派正向轉義（positive connotation）的概念（Selvini Palazzoli, Boscolo, Cecchin & Prata, 1978），以及短期焦點治療，將治療的焦點由問題轉移到資源上（De Shazer, 1985）。重新框視在懷特與艾普斯頓（1989）的敘事治療取向具有重大價值，透過外化症狀，將焦點從問題轉移到人身上。齊尼（Bradford Keeney, 1983）的原創方法將治療性對話描述為「參觀博物館」（visit to the museum），就是以重新定義當前的問題為基礎。

我個人曾發表過一篇長文，關於家族治療中的重新定義（Andolfi, 1979），我在文中描述了重新框視的三種形式：第一種存在於治療關係中，第二種存在於情境脈絡中，第三種存在於當前問題中。儘管隨時間的推移及治療的演變，重新框視的概念超越了旨在改變有症狀或失功能行為的策略，這樣的觀點仍然保持不變。

重新定義治療關係（redefinition of the therapeutic relationship）是一個動態的歷程，奠基於將參照的框架從個人症狀轉移至家庭議題。它代表著對於將焦點放在治療病人疾病的醫療／精神醫療模式的一種挑戰。治療師需要相信這樣的助人哲學，以主張這樣的介入模式，家庭也需要接受這種模式的

治療效能，讓治療具有效果。換句話說，它改變了治療的整體目標。

重新定義脈絡（redefinition of the context）奠基於治療師轉變會談情緒和認知氛圍的能力，以讓每個家庭成員對治療師產生信任感，在治療歷程中感受到被賦能並變得積極主動。沒有效益的情境脈絡例子有很多。在等待的情境脈絡中，可以說家庭處於被動的狀態，等待「專家」給予解決的辦法，此與醫療情境脈絡非常相像，個案等著拿到對治自己特定症狀的適當處方。在具有評斷的脈絡中，治療室成為法庭，其他家庭成員、甚至是治療師，都在評斷其中一位家庭成員。而在無助的脈絡中，家庭成員深感絕望，如果沒有創造出積極與合作的情境，很難發展出有成效的治療關係。在錯誤的脈絡中，即使治療師和家庭都有著最佳的意圖，仍然會很挫折。

最後，**重新定義問題**（redefinition of the problem）是整個治療歷程的關鍵。許多問題，像是遺尿症（enuresis）、遺尿症、畏懼症（phobias）、憂鬱症及厭食症，可以從個人症狀到關係的指標，進行重新定義，以促進家庭的轉變。它們常常和家庭成員的情感或行為態度，或是家庭發展歷史中所發生戲劇化或痛苦的事件有所關係。

重新框視的藝術，是受到齊尼（1983）的工作所啟發的，特別是他透過改變句子中一個或多個單詞的「框架」（frame）來進行治療對話的原創方式。他指出，藉由將短句「探索父母的歷史」分解為三個關鍵詞，舉例來說，我們可以將「探索」這個詞拿出來，移到其他的情境中。這麼一來，我們就不會繼續探索父母的歷史，也許改為探索動物世界，這麼做的同時，我們可能改變了整個句子與談話內容的意義。

本章節稍後的段落，我們會討論文森（Vincent）的案例，母親帶他來治療，因為她擔心孩子「為了玩電腦而鎖上他的房門」。這個句子可以移動許多不同的字詞，就像我們在下面對話看到的那樣，治療師選擇移動「鎖上他的房門」這個句子的層次與意義，因此重新定義了問題與治療目標。事實上，我們會探索「其他被鎖上的門」，也就是文森的母親小時候被「外祖母鎖上了門」，而現在，「母親鎖上的門」阻止了文森與他的父親相見。

關係陳述

關係陳述（Relational statements），是由治療師對家庭關係動力的直覺理解而產生的假設，而這些假設形成了後續問句的基礎。這些陳述不是源自於明確的知識或資訊，而是來自於對會談中家庭互動觀察的反映知覺。以下為一案例。

「你嘗試了多少年⋯⋯」

一個十六歲的女孩患有憂鬱症，並割傷了自己的手臂。她的父母親已經離異，仍持續將兩個孩子捲入他們的爭吵中。我朝向坐在父母中間的女孩，用明顯沮喪的語氣問她：「你試了多少年，盡你所能地使用各種方法要告訴你的父母，是時候和平共處了？」女孩對於這個問題感到驚訝，反射性地重複我的話：「我試了多久？」我回應：「多少年⋯⋯？」女孩用一種得到理解與支持的語調說道：「三⋯⋯三年！」在這個例子中，隱喻的陳述為：「我了解你有多頻繁地嘗試各種方式來終結爸媽之間的戰爭，我也知道要讓他們和平共處有多難。」就是這個時候，治療同盟開始成形，讓後續的介入可以直接觸及

她的行為，並將其重新定義為關係的訊號：「當你割傷自己的時候，是為了她（媽媽），還是他（爸爸）？」然後，再一次馬上問她：「我們需要做什麼來阻止這場戰爭遊戲？」女孩帶著全新的活力回答：「他們應該要開始溝通，問問我怎麼樣，不要只是談論我的診斷、我的問題，而是關於我、我的感覺。」

奧爾加的微笑

有時候，陳述奠基於**隱含的假設**（implicit assumption），就如同前述案例提到的。但在其他情況下，則代表著關係的節點（relational nodal point），也是治療師能夠反映並建構其他連結的情緒連接點。在奧爾加與丈夫和父母共同出席的一次會談，她描述令她悲傷的深層原因。在治療師一個幽默評論後，她突然露出燦爛的微笑，就像孩子一般，與她母親的微笑幾乎一模一樣。我問她：「奧爾加，你美麗的微笑是遺傳誰的呢？」然後，我轉向她的母親，直視著她：「完全一樣的眼睛、一樣的笑容！」緊接著，我的陳述更清楚明確：「這個笑容，被悲傷蓋住了太多年，現在奧爾加對於微笑已經不那麼自在了，當她想要試著微笑時，卻會留下眼淚。是這樣嗎？」奧爾加說，「沒錯，就是這樣的。」感覺有人完全理解她。這個片段發生在會談中，一段時間的沉默之後。這些陳述顯示了奧爾加悲傷的關係層面意義。奧爾加所壓抑的微笑以及那些悲傷，也屬於那些在她生命中重要的人。

關係問句（Relational questions）

在我們的治療模式中，詢問關係面向的問句，就跟傾聽答

案一樣重要。與家庭見面時，運用三人關係的視角是很重要的，所問的問題至少要包括三人關係。治療師有時可以視情況來代表三角的第三角，治療師也可以觀察家庭中的三角，這個三角可能包括了同世代的家庭成員，像是配偶或手足，或是兩個不同的世代，像是父母與孩子，或甚至是包含三個世代，如果我們將一位祖父或祖母、父母其中之一與孩子連結起來的話。

個人問句（Individual questions）

問句的關聯性非常仰賴我們的治療能力與彈性，才能在即使看起來缺少關聯時仍「看得到連結」。在情緒特別強烈的當下，可以問一個明顯悲傷的人：「現在你的感覺怎麼樣？」從聲音的語調、身體語言，到眼神接觸的方式，個案能感覺到被同理、被關懷，同時，可以觀察其他家庭成員對於問題與答案的非口語回應。由此，治療師能夠收集到重要關係的訊息，即使這些問題針對的是特定個體。

三角關係問句（Triadic questions）

在討論關係問句的不同形式前，需要澄清三角關係問句的基本結構。讓我們想像，有一位妻子承受著憂鬱症的折磨，治療師想在會談中探索三角的關係面向。治療師可能會問這位妻子：「在你感覺非常憂鬱的時候，你的先生做了什麼？」如此一來，治療師將自己放置在三角的第三個位置上，成為觀察者，觀察伴侶之間對於問題和答案的口頭及其他類似的交流。或者，治療師可能會再次問這位妻子：「當你感覺非常憂鬱的時候，你先生和女兒之間發生了什麼事？」如此一來，治

療師由外部觀察家庭三角，並覺知到先生與女兒之間的情感連結，以及其與太太的憂鬱之間的關係。藉由妻子的回答，治療師能夠在面對其中一位家庭成員的疾病時，擴大他對三者之間關係模式的理解。我們很容易能理解，從一個特定的狀況開始，在這個例子中是妻子的憂鬱症，關係問句與答案會涵括其他的家庭成員。這些都是建構治療拼圖時的重要基礎。

直接與間接問句

直接問句（Direct questions）指的是，我們問一個家庭成員關於另一個家庭成員，或是關於他們關係的問題，例如：「你覺得與太太之間沒有連結嗎？」在這種情況下，丈夫可以反思自己與妻子之間的距離，更概括的來說，反思他們之間關係的品質。間接問題（Indirect questions）則是要求個體設身處地站在他人的角度，來回答這樣的反思。將前面的例子放大就會是這樣的問句：「你可曾覺察到你從未在你妻子需要的時候陪著她，她是因此才感到悲傷的嗎？」讓先生想像妻子身處和他的關係中，而他開始在情感上疏遠，妻子會有什麼感受，這會產生一種情感強度，有助於他認同妻子在這段關係中的生活經驗，他可能會因此改變觀點。間接問題在與衝突的關係工作時是很有用的，因為人們傾向固守自己對於關係的定義，比較無法「理解他人的感受與想法」。要求父母站在青少年或孩子的角度，並反思孩子的情緒，可以創造開放的關係，並軟化自己僵固的觀點。「如果你可以替他說話，你會怎麼描述兒子對於沒有爸爸這件事的憤怒感受？」我們可能會要求兒子對爸爸做一樣的事：「如果你是爸爸，你會怎麼處理孩子想要躲避的心情？」

比較問句（Comparison questions）

比較問句會邀請個案反思「之前與之後」以及「較多或較少」的情況，以做為收集有關個案生命週期，以及隨著時間關係變化等寶貴訊息的一種方式。例如，可以利用比較問句探討被排除在外或社交孤立的感受，像是詢問一個人，在離開她的國家前，或是在離婚前，或是在孩子離家之後，或是在摯愛的另一半去世之後，是否有這種感受。除此之外，我們可以觀察和理解家庭成員對問題和答案的情感反應。此外，也可以利用比較問句來探索自我的不同面向與關係面向。透過創造性的解構，並比較這些部分或關係選項，我們可以得到一些反應，這些反應突顯出個案人格的某些面向，或是一對伴侶或家庭複雜的關係連結。

舉例來說，一個男人說他覺得自己一無是處，想不出任何繼續活下去的理由。治療師可以問他，哪一部分的他已經死去了、哪一部分的他還活著——他的頭、心臟、身體及呼吸都還運作著，接著，在他的回應中尋找不同之處，用來幫助他重拾生活的希望，讓他能夠感受到自己和他人的一些價值。將一個人分解成不同的組成元素，顯然是荒謬透頂的，但卻有可能刺激他，讓他在比較自己的不同之處時產生好奇心。他可能會回答，他的頭還活著，否則他早就自殺了，但他的心死了，因為他感到心碎。這時候，其他家庭成員可以介入，在他尋找有價值的東西時，提供情感的回饋與有用的建議。

一天二十四小時都是醫生

一位妻子用惱怒的語氣描述她先生在家的幼稚行為與情緒不佳的狀態，因為他「一天二十四小時都是醫生」。我問

她：「你嫁給他身上哪個部分最多呢？是那個孩子，還是穿著白袍的他？」妻子回答：「一開始，我著迷於那件白袍，後來才發現，我只跟他內在的小孩在一起，因為他內在的成人，總是在醫院照顧其他人。」依據太太的觀點，這些問題比較了先生的兩種關係特質。這位妻子的回答，包括口語及類比的回答，對於建構治療拼圖與預備探索先生觀點的工作上，都是很有用的。

假設及隱喻問句

假設及隱喻問句這兩種類型問題，使我們跳脫了主要的邏輯思考方式，從而激發我們更多的想像力及創造力。

假設問句（Hypothetical questions）

「**如果**問句」（As if question）是假設性的問句，是日常生活中常見的一部分，在治療中的用途非常多樣。治療師需要在特定的情況下，使用「如果」這個語言，以及應用在我們想要研究的主題與我們希望探索的關係上。以下是「如果」問句的例子：處理失落和缺席的時候，治療師可以問：「如果你的媽媽還活著，她會想告訴我什麼來幫助你的家庭？」「如果你的爸爸聽得見你說話，你想跟他見面嗎？」「如果你的兒子來參與會談，他會坐在哪裡，旁邊，還是你們兩人的中間？」尋找同盟的時候可以問：「如果你的兄弟多向你表達情感，你們的關係可能有什麼改變？」「如果你能張開眼睛，你可以感受到你太太的痛苦嗎？」想要尋找其他的連結方式時可以問：「如果你能學著陪你的孩子玩，你會感覺自己更有能力勝任父親這個角色嗎？」「如果你能在一起吃晚餐時關掉電視，會發

生什麼事呢？」「如果你的兒子在這裡，他會做什麼來阻止你們爭吵呢？」

隱喻問句（Metaphorical questions）

建構隱喻，是加強與家庭間的治療聯盟的最好方式之一。家庭常常會在會談中提供隱喻的意象，治療師可以適當地使用，並提出新的關係意義。在其他時候，治療師會提供一個意象，這個意象代表著家庭複雜關係的連結。華特克稱這樣的工作方式為**隱喻的歷程**（the process of metaphorization），以強調這個歷程中連結及共同參與的特徵。本書稍後會描述，一些存在於家庭語言中隱喻的例子，以及隱喻在臨床情境中的治療性應用。

「我覺得我像被籠子困住的鳥」、「我的孩子被棉花包裹得密不通風」、「我覺得自己像個受氣包，被大家踩在腳底下」、「他在我們之間築起了一道牆」、「我覺得自己空虛得像是一顆被榨乾的檸檬」、「他把這個家當旅館，要來要走都隨他高興」，意象的語言容許情感、關係間的困境，以及具體物體之間來場特殊相遇：鳥籠、棉花、受氣包、牆、檸檬和旅館，都可以成為我們尋找家庭關係品質轉化時的治療拼圖的重要片段。

鎖住的門

一位母親帶著十六歲的兒子文森（Vincent）前來治療，因為他總是把自己鎖在房間內玩電腦。父母已經離婚幾年了，文森為了不讓母親難過，並沒有與他的父親聯絡。

治療師：所以，你帶兒子來治療，是因為他總是鎖著房門？

媽媽：　對，我認為他在家時將自己鎖在房間裡，是不正常的。

治療師：對你來說什麼是不正常的？是他因為難過，所以把自己鎖在房間裡？還是他不想跟你說話？（比較問句）

媽媽：　因為他想玩他的電腦。

治療師：當你還是個孩子的時候，家裡有任何人會把房門鎖上嗎？（代問問句）

媽媽：　有，通常是我媽媽，我真的很討厭她這樣。

治療師：所以，你不喜歡鎖門的人。

媽媽：　對，不喜歡。

治療師：但事實上，你才是那個把最大一扇門上鎖的人！（關係陳述）

媽媽：　我不懂。可以請你解釋嗎？

治療師：（轉向兒子說話）你想要解釋給媽媽聽嗎？　　　　93

文森：　因為我覺得不能去找爸爸，這就是你鎖上的門。

媽媽：　對，這是真的。

治療師：但是是什麼阻止你打開家裡的門，讓你不能去找爸爸呢？

文森：　因為媽媽不喜歡他。

治療師：我知道有很多妻子不喜歡她們的丈夫，但是他們的孩子還是可以抬起雙腿走路去見他們的爸爸，花時間跟爸爸在一起，並享受他們

的陪伴。但是如果你鎖上自己的門,要怎麼
敲爸爸的門呢?

文森: 是的,是這樣沒錯。

治療師:他真的是這麼糟糕的爸爸嗎?

文森: 和我一起的時候不是,但和我媽媽一起的時
候,是!

治療師:所以,如果你的媽媽告訴你「如果你想見
他,就去見他」,你想見他嗎?

文森: 會,我非常想見他!

在這個會談結束後,許多扇門因此打開了!

代間問句(Inter-generational questions)

多世代模式使用時態跳躍,做為治療性的介入,以求更理
解家庭。使用當前的問題,做為起始點,設計代間問句來探索
家庭關係的世代間的面向。像是剛剛看到的例子,文森鎖住的
門(當前的問題),我們可以將焦點由原本鎖住的門,轉移到
其他上鎖了的門,即媽媽中斷了爸爸與兒子之間的連結。世代
的跳躍,促使媽媽「再次成為孩子」,並想起在她的家庭中是
誰鎖上了門,接著就能輕易找到連結(治療拼圖),也就是當
她自己還是孩子時,她媽媽鎖上門的經驗,以及她新發現的覺
察,知道自己是現在鎖住重要大門的那一個人,這兩個經驗之
間的關聯性。

在我們的成年生活中,我們會傾向複製與成長環境相同的
情境氛圍。這些早熟的學習經驗會成為關係腳本,在其他的生
命階段及不同的情境及世代中,無意識地重複出現。在治療期

間，正是因為文森的媽媽在兒子面前，回憶起自己與母親過去不愉快的經驗，給了她勇氣，允許文森去見他的父親，而不感到被拋棄或背叛。這不僅將媽媽從孩童時期所學會的關係模式中釋放出來，也透過重建的相互信任，在情感上讓這對母子連結起來。

在另一個例子中，讓一個具有攻擊性和行為規範障礙症的孩子，談論他父親在他這個年齡的情況，並想像父親在家裡的行為，以及他與自己父母的關係，這樣做可以將焦點由現在的情況，轉移到上一代的親子關係上。這種時態的跳躍可以提供意想不到的訊息，且總是充滿情感連結。兒子對父親童年的想像，是由他對家庭軼事，以及隨著時間所收集到的「半真相」等理解所組成的，並喚起父親在聆聽孩子講述童年時的好奇心。

94

在下面的例子中，我們可以看到另一種時態跳躍的用法。這種用法旨在探索不同世代在回應相同心身症狀的信號時，所使用的關係介入方式。一個十歲女孩的頭痛，可以轉為媽媽在相同年紀時也會有的偏頭痛，也可以追溯到祖母在相同年紀時的偏頭痛，進而了解這個家庭是如何處理女性的壓力。從這裡很明顯地可以看到，能夠包含愈多世代的問句，答案就會愈豐富，不管是對家庭事件情節的覺察，還是在最重要的情感連結的層面上，皆是如此。

詹姆士和米亞

對於關係處於危機中而前來尋求治療的伴侶，將他們個人和關係的訊息與他們各自的原生家庭腳本連結起來，是很有用的，而非僅僅聚焦於伴侶之間。聚焦伴侶之間的風險是，我們

讓治療中所傳達的訊息存在著變成防衛的武器或攻擊的可能性。在治療開始時，詹姆士（James）的關係模式，很明顯地與米亞（Mia）的關係模式不一致。詹姆士形容米亞就像一個學校老師，隨時準備好要將知識強加給他；相反地，米亞則認為她受夠了他的幼稚、不斷地談論無法解決的事情。事實上，在會談中，這對伴侶都將對方的行為模式形容得很好。太太在每一個主題上都表現出專業意見，並為所有的事情提供建議；先生則是漫無目的地說話，只為了填補沉默的空隙。伴侶雙方都知道彼此的弱點和限制，卻不互相幫助，而是嚴格地批評對方，並且在兩人的互動中，將這些弱點和限制當成武器使用。

我繞開這對夫妻的問題，並逐一探索，太太是跟她家庭中的誰學會「成為老師」，而先生又是跟家庭中的誰學會了毫無意義的說話。探索伴侶問題互動的跨世代因素，可以轉移討論的層次。藉由代間問句的幫助，重新經驗孩童時期的感受。米亞學習到童年時母親猶如學校老師般令她無法忍受的經驗，並在伴侶關係中複製重現。詹姆士回憶起，在他還是孩子時，父親隱藏了話語背後的所有情緒，即使他的父親是心臟科醫師，他卻「從未感受過自己的心」！這趟讓伴侶雙方揭露過去重要情緒的旅程，因此能夠反思彼此自身的內在世界，終於能對另一半感受到些許的同理及慈悲。他們體會到脆弱和抵禦不安全感是生活的一部分，而當它們出現時是可以接納的，並不需要因此起衝突。

正如前一章所探討的，語言，不僅奠基於我們明確的口語　　96
表達，更重要的是奠基於非口語表達的部分。這種溝通的隱含
層次來自身體語言，由各種非口語訊號組成（模仿、姿態、
動作、臉部表情），是動作學（kinesics）和周邊語言系統
（paralinguistic system）的基礎。周邊語言系統的特徵包括語
調、語音頻率和語速，最後還有沉默。非口語溝通也建立於空
間關係學（proxemics），依據物理空間遠近、關係界線、身
體接觸時所傳遞的多元訊息，來分析空間是如何被占用。所有
的這些訊號都具有情感與認知的重要價值。我們透過身體、表
情、姿態、語調及言語間的停頓來表達；在早期發展階段運用
非口語表達溝通的頻率，遠比成人期之後高得多。儘管身體語
言是一種更自發且普遍的溝通管道，但由於比口語更不受規則
的約束，因此沒有非口語行為的普遍原理。雖然這個領域的研
究愈來愈多，但要將其整合為一個連貫的知識體系，仍有待日
後繼續努力。總而言之，它是需要被解釋的一種語言，但卻沒
有我們可以學習的語法規則，因此很容易含糊不明確，在文化
層面上產生理解不足的情況。

動作學的幾位先驅，伯德惠斯特爾（Ray Birdwhistell,
1970）、史弗蘭（Albert Scheflen, 1972; 1974）及肯頓
（Adam Kendon, 1994），提出了一系列的概念和術語來探
討日常行為（如：用餐、居家、寒暄、親吻，以及慶生等行

為）。這些作者闡述了在自發性互動中觀察到的各種經驗，以及這些非口語表達的社會與文化性質，並且強調動作與行為的重要性。當時，這個重要性因心理動力取向對語言的關注而相形失色。史弗蘭（1972）在著作《身體語言與社交規則》（*Body Language and Social Order*）中所描述，關於身體語言的意義，有兩種思想流派：第一種思想流派基於心理動力模式，傾向將動作學的行為視為與個體經驗相關的情緒表現；第二種思想流派則基於人類學和行為學的觀點，認為姿勢、動作、模仿及身體接觸，應該與文化脈絡，以及諸如凝聚力和群體調節的社會歷程有關。家庭工作則朝向將這兩種不同觀點整合。事實上，家庭表現出各種口語和類比語言（analogical language），讓我們得以觀察與每個個體的內心世界有關的事物，以及家庭互動中經驗與溝通的內容，並且進一步地將影響家庭互動的社會文化因素也納入考量。

眼神與表情

眼神接觸，是傳遞我們內心情感的最有力方式，包括喜悅、恐懼、悲傷、吸引、信任或憤怒，同時也是發出各種需要和關係需求的信號。眼神接觸為人類行為的極細緻表現，以複雜的認知與神經生理歷程，形成我們身體意象的心理重塑，其為一種視覺性同理（visual empathy），即藉由他人成為我們身體的一面鏡子，我們透過他人的眼睛來看見自己（Baltazar et al., 2014）。也許，在重要關係中所經驗的深刻接觸與情感投入（如母親與新生兒之間或戀人間的凝視），使我們將眼睛稱為「靈魂之窗」。值得注意的是，眼神接觸在西方與東方社會有著截然不同的意義，無論是西方或東方社會，都受到傳統

和文化的強烈影響。眼神接觸，是身體語言中最重要的臉部表情之一。事實上，正如柏格（Simon Borg, 2009）所說，眼睛最能傳達出有關我們個人資訊的能力，其次才是臉部表情。眼睛其實在非口語層面上具有許多功能，包括表達同情或同理、傳達關係狀態（我們傾向更長時間地凝視喜歡的人）、控制、調節互動，以及發出說者與聽者角色交替的訊號。從我們注視他人、與我們被他人注視的方式，我們可以深入了解一個人的特質、脆弱與防衛。例如，外向者會更頻繁地運用眼睛，往往被認為更有能力、更討人喜歡、社交能力更強；而比較內向的人則傾向迴避他人目光，因此被認為比較不容易親近（Argyle, 2013）。再者，藉由眼睛，我們可以傳達如喜悅或驚喜的正面情緒，或相反地，傳達出如生氣、焦慮或羞愧的負面情緒。即使是瞳孔，也在眼神接觸中扮演重要角色，可依據互動和關係的性質而擴張或縮小。

除了眼神接觸，整體的臉部表情還包括一系列由嘴、眉毛及臉部肌肉所傳遞的其他訊號，這些訊號讓我們表達與辨識微笑裡的快樂和喜悅、眼淚與額頭皺紋中的悲傷，或臉部肌肉和眼睛之強烈張力所代表的生氣和害怕等等基本情緒。面對面互動的品質，是理解人類關係和互為主體性發展的重要指標，這一切可從觀察新生兒開始。母親的臉部表情、新生兒尋找母親目光的積極回應，是特羅尼克（Ed Tronick, 1989）著名的**靜止臉實驗**（still face，面無表情實驗）的重點，以研究性格發展中的情緒調節與互為主體性。此外，斯特恩（2010）在情感對頻（affective attunement）的主要工作十分中肯地說明，母親因嬰兒的生理需求表達而調節自己行為的能力。艾克曼（Paul Ekman）、弗森（Wallace Friesen）和同事們在許多研

98

究中探索了臉部表情的動力（Ekman & Friesen, 1982; Ekman, Friesen & O'Sullivan, 1988; Ekman, Friesen & Davidson, 1990），根據解剖學設計了一個臉部動作編碼系統（Facial Action Coding System），再納入時間點的考量，像是一種影像序列，依據勉強笑容的動態特性－持續時間、起始時間、巔峰時間及最終時間等，能夠證明與自發笑容有所區別。庫克（Mark Cook, 1973）則提出，透過臉部的特定狀態或可辨識的共同規則，能在人的外觀與性格之間找到關聯。因此，某些特徵（如臉的圓潤或瘦削、戴眼鏡或留鬍鬚等）就影響了對個人幽默感、智力或其他人格特質的評估。所以，最能傳達個體狀態的部分就在其身體樣貌和穿著方式，也正是我們對個體觀察到的行為與態度（外貌、姿勢和說話方式），使我們定義其性格（我們可能會認為個體是愉悅、堅強或抑鬱）。因此，性格來自於個體面對生活的基本態度（Cowen, 1978）。

手勢與身體訊號

依據艾克曼和弗森（1972）的看法，手勢可以是情緒狀態的指標，舉例來說，緊握的拳頭可代表憤怒，而高高舉起的手臂則代表事情順利成功。手勢也具有溝通的意義，例如：孩子伸出食指，指著想要的東西，或是大人也會用伸出食指這個手勢，來發出強烈或不同意的訊號。在其他情境中，我們可以在交談時觀察到無意識調節的手勢，比如用手指纏繞一綹頭髮或玩筆。比擬肖像（iconographic）的手勢代表我們想要以視覺進行溝通，比如：用手比劃出孩子的大小、張開雙臂表示困惑，或是將食指放在嘴唇上要求安靜。感覺和情緒還可以藉著人們以身體姿勢占據空間的方式、移動身軀或走路的方式，以

及或站或坐、或倚靠或彎腰的方式,進一步地表達和溝通。因此,我們身體的方向,以及相對於他人,我們置身空間時的身體姿態,都是親密和合作的重要指標,或者反過來說,可辨認出階級的、權威的或強烈衝突的關係。

　　非口語領域的專家們(Birwhistell, 1970; Ekman & Friesen, 1972; Scheflen, 1974; Desmond & Morris, 1977; Lowen, 1978; Tronick, 1989; Fivaz-Depeursinge & Corboz-Warnery, 1999; Stern 2010; Argyle, 2013)詳細描述了一系列的姿勢形式,對應了各種與自我相關或表達自我的方式。史弗蘭(1972)特別描述了一些身體姿勢,以協助我們了解家庭的情感親密或疏離是如何發展出來的。圈內人位置的特徵是兩個人的身體親近程度高,伴隨著以眼神接觸來交流訊息,並排斥第三人,讓第三人感到被邊緣化,與其他兩人相形之下,更是疏遠。這些過度的圈內/排他歷程在三角關係的研究中格外重要,在我們與家庭的臨床工作中也有大量的觀察。此外,它們也是有趣的臨床研究之基礎,例如費華茲‧蒂波申奇與柯柏茲‧文利(Elisabeth Fivaz-Depeursinge & Antoinette Corboz-Warnery, 1999)運用「洛桑三方互動」(Lausanne Triadic Play。譯按:透過觀察父母及子女三方互動時的注意力、眼神、姿態、情感表達等,以評定父母與孩子之間的互動關係)研究父母與孩子之間口語語言與溝通的歷程。

身體距離與關係界限

　　空間關係學是一門學科,研究人們根據自己所處的人際脈絡而占據空間的方式。從這點來看,伴侶或家庭成員之間的身體距離,會不同於學校或工作情境,當然更不同於公開場

所，如火車站或廣場等。空間脈絡的分析，可提供人與人之間的感覺，以及關係中的信任感與權力等許多資訊。空間關係學家霍爾（Edward Hall, 1966）將空間維度與人類互動的距離／接近性，進行關聯比較後，以精確的規則來編碼，區分出四個類別與人際距離，這些距離因文化或歷史族群而有明顯差異。

親密距離（intimate distance），意味著限制他人進入的深度情感涉入關係，在一般情況中，核心家庭成員、伴侶兩人都是這樣的關係。這種親密狀態是以身體接觸為前提，例如母親與孩子之間或一對戀人之間。**個人距離**（personal distance），指的是在親近關係中保有空間（仍會有身體接觸，例如伸手碰觸），允許更多不是那麼親密的家庭成員、朋友和同儕加入。**社交距離**（social distance）被定義為一種關係領域，在這個領域中，我們與不熟悉或完全不認識的人們從事各種活動，例如工作或專業會議。這個距離使我們能在視線範圍內靠近說話者，以求更了解對方的用意或掌握彼此的溝通。**公共距離**（public distance），指的是適合沒有直接個人關係的正式場合的距離，如會議、研討會或大學課堂上，說者與聽者之間保持著相當的距離，特點為參與者之間存有強烈的不對稱性。蘇默（Robert Sommer, 1969）把霍爾主張的類別加以擴展，不過他更著墨對空間的主觀知覺，尤其是與個人空間有關的部分。他將其描述為一種具保護作用的氣泡墊，其他人不得進入。擅入此一空間，將會被視為令人不悅地侵犯了人們為自己所設的界限。因此，我們探討的是一種因人而異的界限，以及所反映出的性別和文化的差異。

身體接觸

身體接觸（physical contact）透過皮膚而發生，皮膚是我們身體最大的感覺器官，向大腦傳遞外部世界的經驗，這個經驗從人出生開始，透過觸覺從母親那裡獲得人生最初的資訊，並開始探索周遭現實環境。所以，皮膚不僅是攸關生理功能發展的重要器官，也是跟行為與關係線索有關的重要器官。事實上，我們連結他人和環境的主要方式就是觸碰（touching）。在確認我們世界的結構、家庭和人際關係的品質時，觸碰與身體接觸是不可或缺的感知元素，遍佈於皮膚的每個部位。即使觸碰本身並非一種情緒，但其感知元素會引起神經、腺體、肌肉及心理的變化，並匯合形成情緒。

身體接觸有兩種類型，第一種是與他人的接觸，代表某種特定關係，從源自於原生家庭或文化傳統中較為正式的方式（如握手、鞠躬，或是跟朋友、親戚或同事問候時的親吻臉頰），到較為隨興的方式（如擁抱、拍背或與人互相擊掌）。第二種身體接觸是與自己的接觸（self-contact），包括觸摸身體各個部位的可能重複的小手勢，特別是在人際互動有張力時，以無意識的方式尋求舒適與安心。

周邊語言系統和沉默

非口語聲音系統（vocal non-verbal system），指的是口語溝通所發出的各種聲音，與口語意義無關，主要特徵在於語調（tone of voice），會受到年齡、性別等生理因素，以及我們所屬的社會與文化脈絡之影響。在某些文化中，大聲說話是正常的事；但在其他文化中，同樣的現象可能被認為是缺乏尊

重。語調的改變可因社會階層的差距而有所不同，也可能是面臨非比尋常事件時傳遞情緒狀態的不同方式。在這種情況下，還有另一項重要因素：語音頻率（frequency of voice），會依據關係的脈絡與結構而提高或降低。

語速（rhythm of voice）或多或少可以讓口說的語句帶有權威。例如：在大學課堂或政治性演講的情境中，以緩慢的語速說話，在一個語句與下個語句之間停頓一下，讓說出口的話帶著莊嚴的基調。另一方面，說話語速快，往往傳達出的訊息是：這些話並不重要，要嘛是內容無關緊要，例如八卦，不然就是因為說話者的情緒特別激動。在分析語速時，考慮停頓之處是相當重要的。空白停頓（empty pauses）代表一句話與下句話之間的沉默，飽滿停頓（full pauses）會在一句話與下句話之間出現典型的感嘆詞，例如「嗯」或「啊」，雖然沒有語言意義，但在語言的類比層次上卻是重要的。

沉默，也是周邊語言系統的一部分，為一種非口語溝通，在家庭和社交關係中，具有非常強烈的特徵及非常不同的意義。舉例來說：在西方社會，口語表達占主導地位，有時幾乎被認為是情感關係中的義務；然而在東方社會，沉默是重要的溝通方式，具有特殊地位。明顯地，必須從脈絡來理解沉默。一對戀人之間的沉默，與有著冷淡且疏遠關係兩人之間的沉默，有著截然不同的意義，也與悲傷或突然失落表情的人的沉默，有所不同。為了更理解個案的痛苦與生活經驗，下一章將探討家族治療中的溝通方式——沉默，以及治療師在保持沉默時所經驗到的能力與困難。

在家族治療中善用靈魂之窗

上一章已描述如何在建構治療關係時傾聽，並選擇最重要的口語內容。本節主要在說明，治療師可更理解眼神接觸的方式，以觀察不同家庭成員藉由類比語言互相傳遞的訊息，此外，也將一併說明治療師的自我觀察。正因為學習非口語溝通沒有既定規則，而且大學和訓練機構往往讓教學和理解會談中的談話內容（治療性對話）凌駕於我們用眼睛觀察到的種種，所以導致心理治療被籠統地定義為**談話治療**或語詞治療。不過，經驗取向的學派會特別推崇並關注眼神、身體接觸，以及治療空間中的動作。此外，將兒童或青少年視為治療舞台主角的治療師，也必須學習並運用有趣好玩的語言，並從椅子移動到地板上。

多年來，人們總是好奇地問我：「你是如何在家庭會談的同時看到這些東西？」我相信部分答案來自於我剛從義大利（我在羅馬擔任兒童精神科醫師）搬到美國（我在紐約的家庭治療服務機構的社會與社區精神醫學部門工作）時，所經歷到的感知剝奪經驗。眾所周知，當我們失去一種感知時，另一種感知會更加活躍以補償所失。我必須更明確地利用眼睛，及時彌補我對英文理解的不足，觀察常常處於戲劇化情境的家庭互動，而不只是傾聽口語內容。打開眼界來觀察在我面前的個案的非口語舞蹈，一直陪伴我度過個人和專業生涯，尤其是在國外的時候，靈魂之窗已經成為我治療工具箱中不可或缺的資源。即使是在自己國家工作，一位好的治療師也需要發展出這種「張開雙眼觀察」的技巧，以充分理解家庭的互動。治療師必須學會在言談與觀察現象之間，保有切換注意力與彈性傾聽

102

的技巧。

肺腑之言

　　觀察的另一項重點是，留意我所稱之「**肺腑之言**」（lung language），這是當有人深嘆一口氣、喘氣，或明顯屏住呼吸時從肺部發出的訊息。肺腑之言，揭露了在會談中一種內在情緒的變化，與正說到的話或經驗有關。肺腑之言未必都是來自說話的人，也可能是旁觀的其他家庭成員表現出來而被觀察到，或是當治療師提出某個問題時出現的回應。在會談中觀察到家庭成員的肺腑之言時，治療師可以問這位大嘆一口氣或喘氣的人，好好地說出他／她正在經驗的、感覺始終沒有說出來的，以及需要空間被聽見與被理解的事情。

家族治療中座位的安排

　　在治療中，孩子總是坐在父母中間，或兩個手足分開坐在父母兩邊，或在伴侶中間有張椅子放包包或其他東西，這些並非碰巧，而是能提供我們有關人們情感距離的訊息。或者我們可以看到，成年兒子溫和的手勢，表達出讓父親或母親感到舒適的關懷，彷彿回到早期家庭時光，還是孩子時，全心回應父親或母親的情感照顧。長期懸而未決的手足之爭，可以透過空間關係變得清晰可見，如今已成年的兄弟一坐下就會重播這種空間關係。年輕人或青少年進入會談室的方式或坐下後的姿勢，在在表明了他們來接受治療的積極態度或缺乏動機，或藉由身體語言顯示他們完全沒有興趣。一位來會談卻心不在焉的女孩，像在美髮院一樣地坐下來、翻閱女性雜誌，肯定在告訴我們一些關於她參與會談動機的事情，也許她覺得是被迫來

的。被父母帶去治療的孩子，在會談的一開頭演出（act out）症狀，是常見的事情：憂鬱的孩子通常一坐下來，默不作聲地低著頭；過動的孩子會從一個地方跳到另一個地方；暴力的孩子會用挑釁與暴烈的眼神看著父母或是直接針對治療師，因為他當下就認為治療師與父母共謀要來對付他。互動處於危機的伴侶很快地透過表情與姿勢等身體語言，表現出深切的不安、拋棄、背叛，以及彼此的願望，甚至立即與治療師結盟來抗衡對方。

　　會談開始時，治療師必須選擇坐在哪裡，這個位置取決於他的理論參照架構，以及他感覺有多自在。正統的精神分析師選擇讓病人躺在躺椅，自己坐在病人後面的扶手椅上。醫生或精神科醫師在自己跟個案中間設立一道具體屏障，包括一張桌子，桌上可見成堆的藥品與科學書籍。關係取向的家族治療師採取普通做法，在自己與家庭成員之間保持一個較為開放的空間，沒有屏障，最多就是一張放置物品的咖啡桌，例如一盒面紙（一個具體的隱喻，表示你在會談中可以表達情緒）。無疑地，沒有屏障的半圓形座位安排，比較不會出現階級（如醫師／精神科醫師的談話），會談會更專注在「人與人之間，而非談論人」。治療師必須在一個開放且安心的空間中，感到自在、能勝任；而在這個空間裡，無論會談開始時家庭成員坐在哪裡，可以因為要靠近或遠離其他人，或是因為治療師要求，來改變自己的座位。

　　相較之下，華特克在臨床工作中始終坐得離家庭成員稍遠，而且很少從邊緣位置移動，他認為比較適合的做法是身處廣角的周邊視角，而不是聚焦在特定的家庭成員身上。實際上，他認為聚焦在個人的細節會分散注意力，還可能干擾

到他為了避免捲入家庭動力而需要維持的適當距離。雖然華特克本人與家庭保持距離，但他會使用象徵性的，通常是荒謬的語言，包括隱喻、瘋狂想法和自由聯想，深深地觸動家庭（1975）。薩提爾有著相同的象徵性／經驗性模式，但相反的，她更積極地運用空間，尋找可親近的關係，喜歡以溫暖且富有情感的方式進行身體接觸（Satir, Banmen, Gerber & Gomori, 2006）。在我的臨床工作中，我總是選擇坐在家庭成員的中心位置，讓他們以半圓形方式坐在我面前。從這個位置開始會談，我能自由地移動或鼓勵家庭成員換位置。

觀察人們的眼神

在我們的臨床工作中，眼睛所傳達的言語占有很重要的分量。治療師需要在觀察家庭、非口語語言及訊息時，保持警醒，也需要與家庭成員維持眼神接觸，才能與每一個人建立隱微的對話關係，並且，要非常留心，不要將任何一位成員排除在這種隱微情感連結之外。治療師的注視必須傳達同理、好奇、溫暖及安全感，以傳達在會談中出現的任何情緒都是被接納與涵容的。當然，如果有人對直接眼神接觸感到不自在，或是主動地迴避，強行突破這道屏障是沒有用的。在這種情況下，比較有用的方式是，觀察他們在那些與他們直接有關的口語互動中的視線與手勢反應。有些孩子非常依賴或與母親關係十分糾結，如果不先看母親，就無法回應，就好像是在「請求發言的許可」。另一方面，可能是母親開始哭泣了，自動地，女兒好像被誘導般也流下眼淚。要注意的是，流淚並不盡然是悲痛或傷心的真實表現。有時，我們會發現眼淚其實是虛假的受苦的表達，常是控制和脅迫的策略工具，以操控那些表

現脆弱或情感依賴的個體，就如糾結的母子關係或高度失功能伴侶之間的動力狀態，眼淚很容易變成「攻擊或防衛的武器」。同樣地，微笑也不盡然都是快樂或幸福的表現，有時笑容並不真誠，更類似一種防衛的鬼臉，隱藏了被壓抑的真實情感。艾克曼等人（1988）觀察到，可以根據真實臉部表情的**生命動力**（vital dynamics），以與虛假或模擬的表情有所區別。

治療師可能目睹了家庭不同成員或伴侶的各種神情：理解、關愛與溫和的表情，與拒絕、藐視或挑釁，甚至敵意的神情交替出現。又或者，治療師也可能目睹深刻傷痛與無盡苦難，或在生命事件面前完全無能為力的神情。對治療師來說，重要的是培養維持自我的能力，亦即，維持他的專業素質（integrity），不要因家庭成員之間交換表情的狀態和強度，受到任何影響。例如：治療師必須接納充滿仇恨或淚水的表情，不帶有偏見或個人涉入，否則，很難有空間進行正向的重新定義並促進改變。鑑於家族治療會談的情緒負荷，治療師需要發展策略，在發現自己過度承受家庭議題的風險時，能從視覺中脫離，並維持自我素質。在家庭成員面前，或許治療師可藉由提議一個活動、促發大家笑意或安靜片刻，讓家庭暫停當下的互動，有助於降低張力。就治療師個人的部分，他可以將視線集中在自己手上的物件，暫時脫離會談的張力，才有餘裕來整合想法與內在對話。

治療空間中的動作

我們提出斯特恩（2004）的觀點，他認為行動是通往理解的主要途徑，我們也相信，在家庭治療會談內的行動，無論

105

是特定病理的評估或是促進個人或家庭整體的改變，都具有相當的重要性。鮑文（1978）將治療師隱喻為家庭團隊的「教練」，非常類似我們認為治療師是家庭連結的積極建造者之想法。家庭提供磚塊，跟治療師一起改變「家的形狀」。事實上，最能轉化與最有療癒的部分是治療關係中的經驗，其來自於生命形式（life form）的交會（Stern, 2010）。根據斯特恩的看法，生命力（vital force）是把所有生命體聯繫在一起的狀態，由動作、驅力、節奏、空間，以及對生命事件的意向等經驗，所產生的一種整體的完形狀態（global Gestalt）。因此，治療師必須鼓勵生命形式的表達，讓每個家庭成員透過動作和談話動力來表達（一種讓彼此相互理解的周邊語言），勝於透過言語的嚴謹意義來表達。在這個過程中，治療師將全心投入，並參與治療經驗，透過深刻的情感共鳴來認可每個家庭成員，這種共鳴帶來了在過往人類生活經驗、也保存在每個人的記憶與家庭集體記憶中的亮點。

小玉的眼淚

　　小玉（Jade）是一位大學心理系二年級學生，由於精神抑鬱、頻繁地突然哭泣，父母無法防止她在家裡崩潰，已經束手無策，於是精神科醫師將她轉介來接受家族治療。即使在會談中，小玉的眼淚也讓父母感到難受，她的眼淚是一種策略，讓所有注意力都集中在她與她的病情上，而這也的確奏效了。在認出小玉眼淚的重要意義，並假定她在心理學有相當的能力後，我要求她簡短評論青少年流淚的各種型態，並在白板上寫出眼淚的不同表現與意義。因為這個要求來自一位大學教授，讓她又更成為備受關注的焦點，小玉很高興地接受了這個

任務。當這位年輕女子詳細寫下不同情境的各種眼淚，並加以分類時，她的父母和我饒有興味地聽著，彷彿在大學裡上課。這堂課沒有花很長時間就有了效果，透過眼淚的分析，我跟小玉建立了治療同盟關係，過去從來沒有人認為她是有能力的人，無論是在家裡或在精神科會談中。對小玉眼淚的探索，讓我很容易地進入這個家庭的發展史，了解到眼淚與悲傷來自這個家庭在其他時期遭遇的失落，傷痛沒有消失，仍歷歷如新。

治療中的具體化與記憶通道

我們可以在會談中具體做些什麼，來找到突顯關係中重要面向的新方法，例如，前面幾章提過家庭雕塑、家庭儀式或角色扮演，可以是優先使用的具體行動，在治療空間裡，選擇一個特定的時間或情境來呈現家庭關係。在這個過程中，我們透過家庭雕塑中成員的肢體語言、以及他們的沉默和眼神間的表達，打造一條「記憶通道」。同樣地，在解決當前困難後，我們可以讓同一位成員來創造「願望雕塑」，想像他們理想的未來家庭關係。即使在這個情況下，雕塑也必須考量到過去經驗。唯有透過檢視過去的事件痕跡、那些最重要的連結，以及在發展階段中內化於個人的部分，他們才能透過動作去想像一個不同於現在的未來。

關於記憶通道，我們簡單回顧一下在描述治療儀式時（第六章）曾提過的一個案例。一位父親為二十年前被暗殺的哥哥舉行「守靈儀式」後，終於得以從每天想像青春期女兒會死亡的折磨中解脫。追溯死去哥哥的回憶，並在儀式中表達出自己對哥哥的敬仰與嫉羨的感受（因為哥哥一直是母親的最

愛），使他從伴隨多年的死寂與恐懼的感覺中解放出來。這些感受如此強烈、不間斷，以至於侵入並凍結了其他空間與關係，例如與女兒的關係。女兒坐在治療師旁邊，默默地見證了父親的儀式，終於能夠理解他的夢魘和恐懼，認同了他的痛苦，之後沒多久，她可以以新的方式來擁抱父親。

形成治療同盟關係的動作

如果同理確實是治療關係的基礎，那麼同樣明確的是，在建立治療同盟關係的過程中，尤其對必須接受治療的個案來說，動作也是非常重要的。

治療師主動的動作

眼神的移動本身就是治療師對個案的動作。此外，靠近或遠離、坐在地板上、身體前傾、在房間走動、換座位、移動物件，或在白板上寫字等能力，皆是關係取向治療師「身心動作」（physical and mental gymnastics）的一部分。儘管這些都是很一般的動作，但討論一些治療師的動作還是有用的，這些動作因為年齡、性別及家庭文化背景，再加上當下情境，而有所不同。為了融入孩子，治療師必須進入他的個人空間，直視他的眼睛，和他玩。與青少年接觸，治療師必須避免直視他的眼睛，而是從旁接近他，在互動中給他驚喜，先認識他的肢體語言，之後再來認識他的感覺。成人即使表現出樂意合作的樣子，通常比較防衛、小心，治療師必須透過孩子、問題、家庭事件來融入。老年人，一般來說都很像孩子，即使與他們相處時，也可以謹慎地表達有趣和俏皮，探討他們的過去記憶時，就像是給小孩甜點一樣，因為他們通常會很享受成為家庭

故事中的重要部分。

很明顯地，對於透過動作來建立治療同盟關係，要特別注意性別和文化。一位男性治療師接近青春期男孩時，丈夫或父親會比較輕鬆、直接，因為在很多面向上，對於同性別者，有著天生、普遍的理解。對於女性治療師也是如此，在女性世界中，關於母職、照料孩子，甚至是「照顧丈夫」的方式，都涉及深植於女性認同的各個面向。因此，我們必須學會如何在會談中轉換自己，注意我們的性別與年齡的局限，不斷確認自己某個舉措是否可能對不同性別或年齡大於我們的人產生什麼影響。

對於不同文化，我們應該保持好奇心，才能陪伴個案一起進入不同的世界，進入與我們自己截然不同的國家和傳統，並「身在其中」地學習身體語言和動作的不同文化含義。如果我們的動機是期待理解其他文化，並認同不同文化中表達與傳遞價值觀和情緒的方式，那麼跨文化工作就會變得非常迷人。治療同盟關係的建立，來自於帶著尊重的好奇心之基本位置（「我不知道」的位置），加上直接讓家庭來引導的期待（「我不知道，請指引我、告訴我」）。

家庭主動的動作

明顯地，我們也應當鼓勵家庭成員彼此之間有所行動，就如同和我們的互動。這種動作能透露出伴侶或家庭內的彈性程度。有時，由於檯面上的衝突或無法解決的傷痛，關係空間似乎凍結，或動作跟姿勢看起來卡住了。讓伴侶之間，或是父親與青春期兒子敞開交流，讓彼此的身體更加靠近，將有助於在一段可能漫長且艱難的情感疏離時期之後，增強全新理解的開

始。同樣重要的是，為剛面臨失落的家庭成員們，創造可共同分享的空間，以感受彼此在一起的力量，而不是因絕望與悲痛而分裂。在下一章，我們將進一步探討，透過家庭成員的身體接觸以促進情感親密的效用。

在我的臨床工作中，我選擇先以口語重新框視問題兒童或青少年的症狀，藉此與他們建立關係，融入家庭。下一步，我通常會要求被認定的個案坐在我旁邊，這個要求是一種評估，藉由主動的動作，評估兒童或青少年信任我的意願。同時，這種身體之間的親近增進了治療同盟關係，是與孩子積極合作的隱微訊息，擴展了治療框架，並使孩子在探索家庭歷史與事件中，成為重要的嚮導。在其他時候，融入家庭是一種集體行動，就如家系圖的建構或完成。在這個情況下，所有的家庭成員都靠攏到會談室中央的小桌子旁，繪製家系圖。由於人們通常對治療師關心家庭的細節抱持著肯定態度，很少人會拒絕這種家庭活動。家庭地圖能標示出世代之間的連結、家庭事件，以及在家庭發展中面對生命困境與最快樂時期的獨特方式。

另一個催化家庭的有用方式是，治療師邀請家庭成員共同簽擬治療契約。坐在桌邊的每個人都受到鼓勵參與、寫下重點、接受已達成協議的部分，並在契約上簽字，包括治療師在內。在治療中讓事情具體化而非空談是一種典範的觀念移轉：大腦理解，轉為用手、手勢及肢體靠近來進行。當我們看見關係僵局，或在治療中對家庭某個人的公開敵意，或某人毫無動機地被迫參與會談時，這種轉換做法就會派上用場。

阿爾及利亞的石頭

　　我曾在巴黎和一個家庭進行會談。父親，阿里（Ali），從一開始就被描述為難以穿透的頑石。在諮詢過程中，他的妻子和三位青春期女兒都對他投以厭惡和怨恨的目光，而他身處情感疏離的狀態中，似乎不為所動。從諮詢前所收集到的資料，我得知這個家庭是阿爾及利亞移民。在留意到每個人對阿里的怨恨表情後，我走近他並坐在他旁邊。我從我的日誌本拿出一張小小的世界地圖，遞給他一隻鉛筆，問道：「阿里，你能告訴我你在哪裡出生，從阿爾及利亞的哪裡來到這裡嗎？」阿里深深地看著我，對這個意想不到的問題感到意外且感動，從我手中接下鉛筆。他花了有點長的時間，看著那張小地圖，然後在地圖上點出了「確切位置」，那是阿爾及利亞沙漠的一個小村莊（地圖上沒有描繪出的地方），他是在那裡出生、長大的。現在，治療的挑戰是，要跟這顆頑石對峙，還是陪著這個男人回到阿爾及利亞，探索家庭議題，跨越當前的憤怒與家庭的怨恨。

如何改變遊戲規則

　　我與一對關係陷入危機的伴侶進行會談的過程中，雙方陷入了不斷反駁對方的激烈爭執，當一個人提出看法後，另一個人就回以猛烈的批評；就像是一場為贏得最後勝利而無休止的競賽，但誰也贏不了，因為雙方總是平局。觀察這場令人精疲力竭的競賽，理解這對伴侶的關係僵局後，我拿出一張厚紙板，在中間畫線，分為兩半，一邊寫著男方的名字，另一邊寫著女方的名字，然後繼續聽他們的「對話」，開始計分，只要有一人得分，另一人又提出反駁，就會變成平分。會談結束

時，我將這張計分紙撕成小片，放進一只塑膠袋裡。我要他們把這袋東西放在臥房中，以紀念當前這段煎熬的關係。他們必須一直保留這個袋子，直到「他們能做得更好」，換句話說，直到他們能傾聽且欣賞彼此的看法。六個月之後，在治療的協助下，他們在關係中「改變遊戲規則」，帶著如釋重負的笑容，還給我那只塑膠袋。

將拒絕轉化為合作

　　十四歲的印度女孩，香緹（Shanti），因飲食疾患前來參與家族治療諮詢會談，但她坐在等候區不肯參與。父母試圖說服她，她頑固地拒絕。治療師也嘗試了，卻無功而返。香緹的父母和妹妹在治療室裡等著知道治療會不會進行。我決定來冒險一次，哪怕是再一次的拒絕。事實上，她已經來到家族治療中心，雖然只留在等待區，在我看來，是矛盾，但也是希望的訊號。在會談之前，治療師已經給我一些基本資料：這個家庭在女兒很小的時候從孟買移民而來，父母長久失和，甚至對於如何處理女兒的問題也意見不一。我到等待區去看香緹，她非常瘦小，看起來像個兒童，而不是十四歲的青少女。她坐著不動，凝視著地板。我坐在她旁邊的椅子上，直視前方，完全沒有轉過身去看她。我自我介紹，告訴她我的全名，補充說我來自羅馬。稍作停頓之後，我用輕鬆的語調問她：「你知道羅馬在哪裡嗎？」短暫停頓後，她用微弱的聲音回應：「知道。」這似乎是個鼓舞的回應，我帶著好奇旅行者的口吻回答：「很多年前我去過印度一次，我坐公車到了南方，從孟買出發，經過馬德拉斯（Madras），最遠到達柯摩林角（Cape Comorin），再經過果亞（Goa）和浦那（Pune）回來。」就

在這時，女孩抬起頭，好奇地看著我。我微笑地回應她的目光，靠近她的椅子，問她：「我們是不是應該一起上樓去幫你的家人，你覺得怎麼樣？」女孩站起來，跟著我進入治療室。

在上一章，我提到周邊語言系統與沉默在熟悉情境和社會 111
關係中的一般意義。接下來，我將更深入探討這兩者在治療關
係中的溝通與轉化面向。

反思性停頓

在治療中，自發性的談話、甚至是治療師的發聲，都充
滿著生命動力（Stern, 2010）。治療師若是無法與家庭某位成
員已經說的話、或是將要說的話，在情感上產生共鳴，就無
法在治療中「開口說話」。這意味著，即使在一個句子和另
一個句子之間的停頓中，語調最輕微的變化、甚至治療師發
出的「嗯嗯」或「嗯哼」之類不清晰的聲音，都會因會談的
情緒脈絡而有不同的意義和重要性。如同卡爾・羅哲斯（Carl
Rogers, 1951）所言，對於治療師，以及家庭中希望自己能
對頻其他家庭成員的思想和情感的人來說，談話中的停頓，
對於創造間斷（discontinuity），並為**反映性傾聽**（reflexive
listening）製造空間，是特別重要的。治療師加快言語感嘆的
節奏時，通常代表在緊張或衝突的情況下感到焦慮或尷尬，而
保持平靜和緩慢的步調，則可以創造出言語的空白，吸引每個
人「停在當下」，而不是對不愉快的溝通進行情緒性反應。

通常，特別是伴侶在互動危機的時候，因為兩人不斷重申自己有理，聲音因而重疊，也由於無法接受對方的回答，立即反應他人的回答。在談話中，立即性反應（reactivity）取代了互動，治療師應該避免讓自己成為第三個聲音，並讓自己成為音樂指揮家，而不是另一個表演樂器的人。此外，在**對稱升高**（symmetrical escalations〔譯按：表示伴侶雙方爭鋒相對、互不相讓的情況愈演愈烈〕），兩人相互討厭的表情，是更進一步的挑釁。治療師要透過創造一種視覺上的屏障，以避免在治療過程中讓敵意升高，並促進伴侶雙方輪流回答問題，如此一來，伴侶能夠輪番傾聽、被傾聽，而不被打斷。這個歷程具有放慢談話節奏的效果，創造停頓，讓反思得以進行，這對於從情緒過度涉入（emotional over-involvement）的狀態中抽離，並轉換為認知層面的思考，是很有幫助的。嘗試接觸一個人真實的感受時，停留在「情緒反應」（gut reaction）的層面上，是沒有用的。鮑文（1978）在幾十年前就非常了解這一點，他在伴侶治療的實驗中發現，為了阻斷相互反應的迴路，避免一對一的互動，並將對話由「你感覺到什麼？」的層次，轉移到更為內省的層次「你的想法是什麼？」，是更有用的。反思治療中的議題，並且活化「耳朵系統」（ear system），可以減輕緊張感，讓伴侶更靠近，因為雙方都可以聽到對方的理由，認同對方的痛苦與挫折。在訓練心理治療師時，我常會建議他們記錄家庭治療的會談，然後再聽一遍對話，特別將注意力放在一句話與另一句話之間的停頓上。停頓次數愈多，說明治療過程愈有效，在過程中產生富有內隱意義（implicit meanings）的間斷，將有利於家庭成員之間更多的分享與合作。傾聽治療對話，也是一種評估治療師能力的方式，治療師是否可以忍受停

頓，以及進入人們最深刻的經驗時，卻不焦慮著「必須做點什麼」來修正它。值得注意的是，治療師在面對悲傷、失落或嚴重疾病的情況時，可以在會談中留一些停頓，創造出空間，提供溫暖的沉默，為家庭的痛苦提供支持。

家庭及治療師的沉默之重要性

經過多年的精神分析訓練，我還記得，我的精神分析師等著身為個案的我開始說話，沉默了很長的一段時間，讓我相當不安。除了這個方法外，我從來都不明白，為什麼分析師大多必須是積極的傾聽者、為什麼要訓練他們避免任何口頭上的主動行為，例如導引出一個可以討論的主題。與此同時，我記得非常清楚，當我在迷失又完全困惑的情況下，溫暖的沉默讓我知道她的存在。這些沉默比話語更重要，幫助我感覺到深刻的連結，也就是斯特恩所說的「情感對頻」。做為一位關係取向的心理治療師，這些由尊重和深刻的情緒參與所組成的沉默，是我工具箱中的珍貴財富，一直留在我身邊。我已經將這些技巧，由一對一的兩人治療情境，轉變為更複雜、更重要的多人家族治療情境。在與家庭的會談中保持沉默，具有非常不同的意義，能夠向每一個家庭成員傳達不同的情緒。在我成為家族治療師的訓練中，我從未閱讀過一篇文章或是聽過任何一場演講，是以家族治療中的沉默為主題的。除了瓦茲拉威克、巴費拉斯及傑克森（1967）說過「沉默是一種溝通方式」，描述人類溝通的語用原則時，往往會忽視治療中的沉默。除此之外，在理解伴侶及家庭的深層不安上，後現代的理論重中的似乎是對話及言語的主要地位。

113

將治療師的沉默，做為傾聽的工具

在會談中，治療師的沉默有不同的功能，動態沉默（dynamic silence）的特徵在於，傾聽不同家庭成員之間的語言互動；另一種則是，治療師在提出問題或陳述之後等待回答時的沉默。平靜的沉默（calm silence）與富有傳達力的眼神接觸有關，往往傳達溫暖的感覺與情感的親密，鼓勵了家庭成員在安全的情境下主動投入，因為他們覺得有人聽到自己說的話，而且能理解。因此，治療師的沉默會成為一種示範，家庭成員可以在會談中採用這樣的方式來溝通。它是焦慮的解毒劑，因為焦慮通常使人加快說話節奏，相互打斷。治療師冷靜與平靜的舉止是有感染力的，比起許多的話語或規定行為，能帶來更好的秩序。

直接要求一個不斷說話且不停打斷他人的人安靜下來，是不太合適的，會造成批判的情境；在這種情況下，治療師的權威是不容置疑的，可能會引發沉默者的怨恨。我傾向將「說太多」重新框視為特殊的照顧形式，用來保護其他人自我揭露。或者，我會問同一個人，在她／他的原生家庭裡，「說太多」的人是誰，以及她／他想要保護的人是誰。或者更簡單地，我會在諮商時給她一個我經常在手裡玩弄的東西，溫柔地告訴她，這樣玩可以分散注意力，她就更能傾聽其他人。另外，給她一些我的東西，可能可以促進隱微的治療同盟之建立，進而產生「沉默的魔法」（magic of silence）。

傾聽與說話是兩種互補的方式，能夠促進治療空間中的互動，打破關係僵局，像是伴侶之間或是父母與青少年之間，因為雙方都確信對方聽不到自己的聲音而惱怒。此外，在衝突的

情境中，有個風險是，每個人會不斷說話，直到終於有人聽見他了，或相反地，他躲在充滿怨恨的沉默中。在大部分糾纏的情況中，我發現「與問題一起遊戲」是非常有效的策略，因此，我用沉默來玩遊戲，將我的手錶交給一位伴侶或一位父母或一位孩子，並給他們一個時間挑戰，問他們：「在不屈服於干涉對方的衝動下，你能夠聽你的另一半（或孩子）多久時間？」一般來說，因為是遊戲，可以毫無阻抗地接受。接著我
可能提議一段特定時間的沉默／傾聽，因為是遊戲規則的一部分，所以不能違反。如果成功挑戰了時間，我會恭喜克服了保持沉默這個困難挑戰的人。這個時候，我發現，家庭成員比較能夠輪流說話，比較不容易打斷他人。這個介入的正面結果是，每個人都覺得自己有機會發聲，而且能夠一起打開耳朵傾聽。

沉默，做為家庭悲傷的一種支持

身為治療師，我們常常需要面對家庭必經的悲傷，這些悲傷來自突然的死亡、自殺、毀滅性的離婚、慢性疾病、家庭暴力事件、精神崩潰、自然災害或生意失敗等。我們第一個問自己的問題是：「如何處理這樣的痛苦？」接著問：「我們該怎麼辦？」無論是哪一個問題都沒有正確答案，但是，無庸置疑地，每個治療師都需要根據自己的能力和敏感度，找到最適合的答案。處理人們的痛苦時，覺察治療師的實務情境（在醫院工作與在私人工作室的治療是非常不同的），以及個案前來求助的具體要求，是非常重要的。

在家族治療的發展中，很多著作提到與改變有關的理論，並圍繞在幫助家庭改變最有效的策略上。遺憾的是，提到有關

114

治療師在治療中「與家庭帶來的痛苦待在一起」的技巧的文章卻是少之又少。確實，在面對失去孩子或重要家庭成員的悲劇時，很多家庭會採取否認的防衛策略，以拒絕接受發生之事，否則會太過痛苦。治療師也會採用相似的防衛。由於恐懼承擔過度的悲傷，許多治療師會尋找待在家庭的絕望之外的方法，藉由利用許多正當的理由及合理化，讓自己待在安全地帶。有些時候，非常「利他主義」的治療師，最終會承擔起家庭帶來的痛苦，就好像「是他們自己的」痛苦一樣，跨越了什麼是家庭所擔心的和什麼是屬於治療師的這條界線。面對家庭的悲傷時，保持沉默、與家庭的痛苦待在一起，是能夠實現與家庭悲傷進行情感對頻的兩種關係模式。在沉默中，治療師設身處地地關注父母雙方失去孩子的感受，並將這設身處地所理解的感受，與會談中不同家庭成員所傳遞的非語言訊號連結起來。

孩子的死亡

當家庭面對孩子死亡的深層痛苦時，治療師平靜的沉默是遏制痛苦與安撫家庭絕望吶喊的最好解藥。羅西（Rosi）一家在失去尼可（Nico）後幾週來治療，尼可是長子，十八歲，因為家中意外（燃氣鍋爐故障）悲慘過世。尼可死時只有他一個人在家中，媽媽從超市回來時，發現他在浴缸裡死去。父母和十四歲的弟弟喬治歐（Giorgio），在意外發生的那個晚上離開家，待在朋友的家裡，因為他們無法繼續待在尼可死去的地方。朋友目睹了他們的絕望，但不知道該如何幫助他們，因此請求我介入。

在與他們頭幾次會談中，我完全沉默、傾聽。除了聽他們

的故事，我不記得說過或做過什麼——媽媽絕望的哭泣，伴隨著爸爸的不安、難以理解的沉默，以及弟弟的不敢置信。我聽著所有細節的描述：在浴室發現尼可死了、他們逃離自己的家、媽媽對於去超市深感罪惡，以及爸爸對於自己明明是工程師卻沒有時間修理壞掉的鍋爐而感到的罪咎。我全心全意地看著媽媽帶來的相簿，她想讓我看照片中的尼可是多麼帥氣、喜歡運動，並且多麼快樂！我沉默地觀察他們如何處理自己的失落——媽媽每天兩次到公墓看兒子，爸爸把自己關入完全的沉默裡，喬治歐只對最親近的朋友談論失去哥哥的失落，為媽媽絕望的眼淚感到難堪，也感受到爸爸的魂不守舍與疏遠。他們成了三座孤島，用各自的方式來反應這起讓他們失去連結的突發事件。他們曾是一個多麼溫馨、親密、快樂的家庭，媽媽指給我看的照片中，有很多是意外發生前家人一起旅行時所拍攝的。

　　由於在多年前我也有過失去兄弟的悲慘經驗，所以我記得我的沉默是更溫暖又強烈的，有了我個人經驗的一些片段，不但沒有攪亂局面，反而能幫助我更理解這個家庭表達悲傷與失落的各種方式。我深信，我們的個案能夠覺察到，我們是如何設法與他們最深層的痛苦和情緒在一起，以及我們如何涵容（contain）他們。他們能夠區分我們的沉默——那些覺得尷尬和想要逃跑的沉默，以及那些尊重且真正情緒參與的沉默。時間是必要的治癒者，時間的確可以帶來轉化經驗，也可能使一切死寂。第一種情況是魯思唐（François Roustang, 2014）所謂的**保留地遺忘**（oblivion that preserves），因為生命還在繼續，改變會發生，憂愁的痛苦不再侵入我們的生活，而是消沒於在我們自我的最深處。相反地，死去的時

間，是一種**抹滅的遺忘**（oblivion that obliterates），讓我們無法接受悲劇事件，也不接受家庭曾經受到影響，在失去孩子的情況中，並沒有學會什麼，也沒有改變什麼。

治療開始之後幾個月，羅西一家能夠重拾歸屬感並分享感受，在很長一段時間之後才克服彼此的疏離。第一個改變發生了，就像常發生的那樣，「具體的行動」促成重大的轉變。他們必須決定如何處置那間他們未再踏入的房子：賣掉，或是重新裝潢然後回家。他們選了第二個選項，我們的會談因此轉為一起討論重新裝潢家的計畫。他們讓我看內部裝修的裝潢圖、草圖及想法，就好像我「也會住在那裡」一樣。我的第一個沉默涵容了他們的痛苦，如今我傾聽、情感參與，他們邀請我與他們分享新生活的計畫。

聲音面具

有時候，個體的沉默被認為是病理狀況，像是選擇性緘默症（elective mutism），有這樣情況的人會透過沉默，掩蓋其他家庭成員的痛苦和深刻的不安感。迪・尼可拉（Vincenzo Di Nicola, 1985）寫了一篇〈聲音面具〉（The Acoustic Mask）的文章，與我多年前在多倫多治療的個案有關，一個十三歲的女孩決定不在家裡說話，完完全全沉默。在會談過程中，我跟她玩遊戲，透過頭部動作來溝通，並交換我們寫下的東西，建立起雙方可以接受的溝通方式。因此，藉著與她玩遊戲，我了解女孩吸收了母親所有的無力感受，母親從未公開訴說她內心的絕望，那來自她多年前離開義大利及所有珍貴家庭的連結，移民到一個她從未學過當地語言的國家，而她也不想留在這裡。在其他的情況下，某個家庭成員在會談中的沉

默，可以是一個「創造空白空間」的方式，此時語言是不合時宜的，這個空間可以包容強烈的情緒，即使是喜悅或是感激之情。另外，也可能是兩人或更多人之間，當他們終於再次接觸彼此時，彼此重新連結與和解的沉默。

觸碰：家族治療中的身體接觸

治療師的身體接觸

觸碰是人類歷史中療癒傳統的一部分，然而在西方醫療中，甚至是心理治療及諮商的領域中，一直非常有爭議。一般來說，心理治療對於觸碰的爭論是，應該避免，而身體接觸的議題似乎仍是一種禁忌。即使是主要的家族學會，像是美國家族治療學會（American Family Therapy Academy）、美國婚姻與家族治療學會（American Association for Marriage and Family Therapy），以及歐洲家族治療協會（European Family Therapy Association）等，這些協會的專業倫理守則也沒有明確的參考或禁止治療中的身體接觸（有明確禁止性行為，以及任何與性相關的規範，因為通常會傷害到病人），我們面對的是非常敏感的主題。心理健康與助人專業領域的一般觀點是，除了最輕微、儀式性的觸碰，例如：與個案打招呼時握手或輕拍對方的肩膀之外，觸碰是非常不適當的。對許多治療師和作者來說，他們害怕的是，和個案之間與性無關的觸碰，很容易就會轉變為性接觸（Wolberg, 1967；Pope & Bouhoutsos, 1986；Rutter, 1989；Simon, 1995）。

毫無疑問地，這些在治療中身體接觸隱含的禁忌，是因為近年來一連串的社會與文化因素才出現。盎格魯文化尤其強調自主概念、自我實現和隱私，在治療中，許多形式的觸碰都會

117

認知為一種危險與性化（sexualized）的可能性。這與拉丁美洲和南歐國家有顯著的不同，這些地方比較能接受觸碰，甚至在社會情境中是受歡迎的，因為是友好連結的方式。此外，最近數十年來，性虐待和家庭暴力事件驟增，也導致社會警覺及對孩童過度保護的態度，在學校及公共場所皆然，普遍來說，也增強了對男性的社會刻板印象，將男性想像為潛在的攻擊者。因此，即使是老師或心理治療師也被認為有可能濫用權威，必須避免與孩童身體接觸。除此之外，在面對有爭議性的治療案例時，採取訴訟的立場，也為專業人員帶來沉重的負擔，因而導致醫療體系開始進行風險管理，並在施行醫療時持防衛態度，保險公司也有相應的調整做法。以上這些，尤其是機構體系，像是醫院和心理健康服務中心，便在專業環節上抱持戒慎和防衛的態度，傾向避免與個案有任何的身體接觸，因為只要有抱怨，就會有潛在的風險。此外，觸碰代表著強而有力的連結，可產生正面或負面的影響，許多專業人員寧可不冒任何個人風險，維持僵固的界線。

精神分析從未贊成、也完全禁止治療中的身體接觸，並設立了非常僵化的形式。在佛洛伊德最早的臨床實務中，他常會觸摸病人的頭或是脖子，相信這樣的接觸會幫助他們平靜下來，能讓病人更了解自己的想法（Hunter & Struve, 1998）。後來，在合併了理論中移情的概念後，他完全改變態度，認為身體接觸會干擾移情的發展（Holub & Lee, 1990）。後來，他的學生梅寧哲（Karl Menninger, 1958）進一步發揚光大這項精神分析發展的禁止條件與教導，他公開譴責在分析中任何形式的身體接觸。精神分析的領域也沒有太大的改變，非口語的語言和身體接觸仍然被排除在治療關係外（Wolberg,

1967；Gutheil & Gabbard, 1993；Bersoff, 1999；Pope & Vasquez, 2007）。費倫齊（Sandor Ferenczi）提出第一個不同的言論，強調自我揭露及對等同理（Rudnytsky, 2000），隨後賴希（Wilhelm Reich, 1972）也支持精神分析中的觸碰，這也成為他們被排除在佛洛伊德圈之外的原因。

完形（Gestalt）領域人本主義理論的發展、溝通分析，和以經驗為導向的家族治療，為治療中的身體接觸提供了積極正面的想法。觸碰，可以是建立強烈治療關係和增強治療同盟時非常有效的方式。對於曾在創傷經驗中受盡折磨的個案來說，是非常療癒的（Van der Kolk, 2014）。觸碰，是一種真實的傳達方式，傳達治療師的溫暖、信任及安全感（Satir, 1972；Perls, 1973；Cohen, 1987；Cornell, 1997；Durana, 1998；Smith, Clance & Imes, 1998；Downey, 2001；Field, 2003；Johnson, 2004）。祖爾（Ofer Zur, 2007）特別將觸碰描述為界限議題，反思了不同文化的傳統，以及文化和專業中的扭曲觀點，也就是超越界限本質上就是性。他清楚地區分**「違反界限」**（boundary violations）及**「超越界限」**（boundary crossing）的差別。「違反界限」，是產生完全不適當的觸碰和性化行為的觸碰；相反地，「超越界限」能夠增加與個案之間的強烈情感連結，除了觸碰以外，還包括居家拜訪、自我揭露，以及交換禮物。

運用你的身體來進行身體接觸

身為完形治療師與家族治療師，薩提爾就是帶著這種思維和自由且強烈的方式與家庭進行身體接觸的非凡典範。由家庭雕塑開始，她會移動家庭成員的身體並改變他們的位置，

提供他們家庭潛在動力的視覺圖像。哈柏（Russell Haber, 2002）非常精確地描述薩提爾如何以她的身體示範合宜的身體接觸。在家族治療的會談期間，薩提爾很注意八歲男孩吉姆（Jim）對繼母的暴力行為。她鼓勵男孩觸摸她的臉，引導他的手，教導他如何輕輕地撫摸。接著，在那場會談中，她要求吉姆對他的爸爸和繼母做一樣的事情。這個孩子曾是生母暴力虐待的受害者，需要有人重新教導他何謂親密，並且經驗正向的身體接觸。札佩拉（Zapella, 1987）與自閉症兒童進行擁抱會談（holding session）的工作，與薩提爾利用身體示範適當的身體接觸，是很相似的概念。札佩拉也教導那些常常感到困惑、不確定如何為自閉症兒童提供身體涵容（physical containment）的父母（甚至是祖父母），如何把他們抱在懷裡。他會先抱著孩子，示範安全的擁抱，然後要求父母跟著做。

　　「不要害怕觸碰你的個案」這個概念，已經是我與家庭工作的一部分。許多治療師傾向躲在眾多不觸碰個案的合理化理由中，像是：「我在醫院工作，他們禁止我與病人觸碰。」「根據這個州的法律……禁止病人有任何的身體觸碰。」另外，他們也反思了觸碰的潛在危險：「如果病人感覺到被羞辱，或感到個人空間被侵犯，那麼我的手勢會帶來什麼後果？」。在《生命的禮物》（*The Gift of Therapy*）一書中，亞隆（Irvin Yalom, 2001）提到一個在治療中有關信任與觸碰的極佳例子。一位中年女士因為接受放射療法頭髮幾乎掉光了，因此總是戴著假髮。她很害怕人們（包括亞隆）會發現她令人反感的模樣。亞隆溫柔地鼓勵她在會談中脫去假髮，露出光亮的頭。基於對亞隆的信任，這位女士脫去了假髮，並讓亞

隆觸摸她頭上僅剩的頭髮。多年後，這位女士告訴他，「觸摸她的頭髮」這個肯定的舉措，徹底改變她對自己的負面意象。這個強烈、深刻身體接觸的例子，讓我想起了一個案例：一位妻子前來會談時，極度悲痛、徹底絕望。她的丈夫從橋上跳下自盡了。他就像平常一樣地離開家，告訴妻子他要去買包煙。她站在我面前，淚流滿面、痛苦不已。在帶著敬意的沉默中，我擁抱了她，非常長一段時間，直到我感覺她平靜了下來。然後她坐下，告訴我全部的故事。那個擁抱跳脫了治療的限制，帶給這位女士解脫的感受，以及當下她急需與人的親密，也鼓勵她繼續自己的人生。多年後，她帶著唯一的女兒來見我，女兒在爸爸過世時還是個孩子，她想要見見幫助媽媽面對如此悲劇的人。

身體接觸：治療同盟的正向增強

在我們的臨床經驗中，我們認為，整合口語語言——我們問家庭成員的問題，以及身體語言——眼神接觸和身體動作，是非常自然的事，使我們透過聲音及身體接觸所傳達的內容一致。無庸置疑地，這就是治療關係中的正向增強，具有傳遞溫暖、同在及分享的力量，勝過任何言語。前述的例子示範了在互相信任為基礎的真實關係中，觸碰所產生的非凡影響。當然，與孩子的治療經驗，幫助我的「兒童－創造自我」（child-creative self），從過多的「成人－嚴肅自我」（adult-serious self）解放出來，這個「成人－嚴肅自我」出現在每一個治療師的認同上，常常會因為過多的義務和職責，讓治療師感覺負荷。即使在義大利的成長經驗，讓我從小就喜歡手勢語言的無窮含義、強而有力的身體語言與幽默

感，可惜的是，我必須承認，這樣來自日常生活經驗所構成的文化遺產、在每個文化下都豐富多樣的部分，在治療中卻不常使用。大概就像很多治療師不被鼓勵在治療中融入真實的自我、講笑話、展現幽默，或出現自發性的日常行為，只為了成就一個疏離的「治療人士」。打招呼有許多象徵方式，像是握手、與年輕人擊掌，或是輕拍肩膀，這些可能只是一般道別的儀式方式。舉例來說，會談結束時，父親溫暖且有力地握手，可能傳達著對治療師的感恩、對會談過程感到滿意，或是明確表達願意參與治療的一種手勢。同樣地，與青少年「擊掌」或輕拍肩膀，就像是在說：「我們做到了！」

在治療中，我會根據會談的情感脈絡和治療目標，用不同的方式使用身體接觸。我可能會要求孩子或青少年從座位上移動，向我靠近一些。這個移動，伴隨著富有深意的眼神與身體的接觸，以傳遞情感的連結或是對關係困境的理解。其他時候，在面對有特殊議題孩子時，觸碰可做為一種挑戰：使用一把塑膠製的錘子、斧頭或劍，來建立身體連結並模擬戰鬥。

本書稍早描述過，一位青少年打電話要求他的爸爸出席治療。當爸爸抵達會談時，我輕輕地將男孩的手舉起來，讓爸爸看見孩子手掌中寫著爸爸的電話號碼。這個充滿支持意義的接觸，是在當下放大爸爸出席會談之重要性的方式，並向兒子傳遞一個訊息，也就是肯定他發自內心的主動和勇敢。

我記得另一次在南美洲智利，與一位加入幫派的青少年進行諮商會談。在一次街頭鬥毆的過程中，他的胸口被刺，差點死亡。他與父母一起出席會談。他們非常擔心兒子，也為他的未來深感恐懼。我記得我輕輕地摸著他胸口的疤，問他，如果刀子刺進他的心臟，他死了，他的父母怎麼辦。這個親密的身

體接觸讓我非常直接地解決這個家庭的困境，也向這個少年傳達隱微的訊息，他必須好好地照顧自己，否則下次可能不會這麼幸運。

在與南非一個有色人種家庭進行諮商會談時，我跟一位非常憤怒的十四歲少女及兩個非常年幼的妹妹一起工作，她非常鄙視妹妹們。我問她，她是否覺得妹妹們喜歡她。她說：「可能不喜歡。」我說：「也許她們害怕你和你憤怒的面具？」我請她讓兩位妹妹坐在她的大腿上，並輕拍她們的手。她顯示出對我的信任，因為她願意照著我說的做，但卻拱著身體避免碰到兩位妹妹，手像爪子般地放在她們的頭上。我站起來，走到她後面，在她旁邊蹲下來，教導她該如何溫柔地碰觸妹妹們的頭，我將她的手指伸直，讓手輕輕地拍打妹妹的頭。少女在做這件事的時候眼裡含著淚水。妹妹們有點生硬地坐在她的大腿上，但並沒有移開。我說出了她心中未說出口的話：「你需要這樣，你想念這樣，她們需要這樣，她們想念這樣。」我也請女孩的媽媽將女孩抱在大腿上，輕輕地搖晃她，帶著愛撫摸她。

在其他會談中，我觸摸一位絕望、自我傷害的女孩手臂上的傷疤，向她傳達我的情緒連結；我觸摸一位年輕男人手臂上的刺青，表達我對這個刺青的象徵意義的好奇；面對一位假裝長大的小女孩，我問她指甲上的指甲油是什麼顏色的同時，輕輕握著她的手。在所有案例中，適當且溫柔地運用身體接觸，傳達著我渴望深入個案的生活經驗。

接觸可以透過交換物體來進行，例如衣服的一部分，帽子、圍巾或鞋子等，傳遞給另一個家庭成員，促進家庭成員之間的認同和連結。我們也討論如何透過「一起做」來形成同

121

盟，由此可見，由身體接觸傳遞理解訊息的渴望可以透過我們建構家系圖、處理家庭照片、形成合約或握手結束等方式來傳達。觸碰是一種與家庭連結時溫柔又有力的方式，同時向整個家庭傳達了同理與支持的訊息。

我拿著項鍊墜子和媽媽說話

莉莉安娜（Liliana），一位有著強烈歇斯底里特質的女士，透過轉介前來接受治療，因為她「毀了她的家庭」。她相信她先生的家庭對她「下了咒」，所以整個房子「充滿了惡魔」。先生親手建造了房子，兩個青春期的兒子面對媽媽的指控，啞口無言、無能為力。我表現出對她項鍊墜子的好奇，而非進入她瘋狂的思考中，因而改變了會談的整個氛圍。項鍊墜子裡有一張莉莉安娜母親的照片，她才過世不久。我靠近她，告訴她我想看看。她小心翼翼地拿出來，輕柔地放在我的手中。我明白莉莉安娜尚未從失去母親的情緒中復原，於是我開始「和媽媽說話」，莉莉安娜的母親為她留下了可怕的空虛感。從「我手中拿著媽媽的照片」，到彷彿媽媽還活著一樣開始和她說話，我和莉莉安娜建立聯繫的過程啟動了，她完全信任我。我因此能夠開始行動，一步接著一步，修復這個家庭的和諧，重新建立家庭的界線和秩序。這次的治療持續超過一年，透過墜子的身體接觸，這個關鍵的轉捩點，一個相互理解的信號，即使在結束治療後依然活躍。事實上，莉莉安娜在治療結束後的幾年仍會寄明信片和信件給我，向我表達她的感謝。

用身體接觸重新建立連結

身體接觸是人類發展的基本元素之一，為一種深刻的溝通方式，是孩子健康與發展的基本元素，也具有治癒疾病的強大力量（Bowlby & Rbertson, 1952）。蒙塔古（Ashley Montagu, 1971）曾描述，觸碰是第一種語言，也是所有感覺之母，因為它是第一個在胚胎中發展的感覺。他指出，嬰兒期缺乏觸覺刺激，會導致無法建立與他人觸碰的關係。由這些前提開始，依附理論裡針對嬰兒觀察的研究，對於理解孩童的發展有了非凡的結果。

我一直相信，在治癒舊時、仍未癒合的傷口，以及在嚴重受損的關係中重建信任，身體連結具有非常重要的地位和價值。在我與世界各地家庭工作的臨床經驗中，也徹底驗證了這個信念。我的模式教導治療師，找到動機和勇氣去打破那些經年累月所形成的防衛性障礙和偏見，並建立新的關係橋樑，重新建立家庭連結。許多的恐懼、隱藏的欲望、情緒連結的斷裂、迷思及家庭祕密，都會在治療中重新出現，而這個過去的**未竟事宜**，可以透過現在的困境找到解決的機會。重新建立起中斷的連結，主要涉及到成人世界，但對伴侶關係、養育子女，以及孩子的整體健康和幸福，都有重大的影響。任何在成長經驗中未得到關懷或愛等基本需求的人，與家人一起接受治療可以是一個安全且受歡迎的情境，以修復中斷或受損的關係。在治療中，透過觸摸的療癒，是解決代間衝突和伴侶危機的最佳治療方式。讓我們看看以下的例子。

三十年後見到母親

李奧納多（Leonardo）與他的太太萊拉（Lara），以及二十歲的獨子喬萬尼（Giovanni），前來接受家庭治療，議題是喬萬尼的攻擊行為。喬萬尼吸毒，在家也不遵守任何規定，用所有方式挑釁、威脅父親，母親背地裡支持他，保護他遠離父親的暴怒。即使在會談中，父子上演辱罵彼此的劇碼，母親萊拉總是站在兒子那一邊，即使她否認。李奧納多很焦慮，很容易生氣，與太太的婚姻處於危機狀態下很久了，喬萬尼則表現得好像他要這個家庭爆掉一樣。探索爸爸的歷史後，我知道李奧納多十五歲就離家從軍去，原因是原生家庭總是不斷地爭吵，但最重要的是，他認為他的媽媽從未愛過他、照顧過他。在治療中，李奧納多指出他受到忽視的經驗。他說，他記得當自己還是嬰兒的時候，媽媽總是讓他待在可怕的小床上，沒有換過他的尿布。他對媽媽非常惱怒，事實上，他已經超過三十年沒有見過媽媽了，即使他們住在同一個城市裡；相反地，他的手足頻繁地與媽媽聯絡。李奧納多的父母在他還是青少年時分開，後來又在一起了。

在與這個家庭工作快一年之後，我得到李奧納多充分的信任，我鼓勵他安排一次與他媽媽特別的會面。事實上，我請他邀請所有原生家庭的成員，包括他爸爸和其他手足，一起參加這個特別的會談。我很高興也驚訝他接受了我的建議，這教我永遠不要低估我們能請家庭做什麼來重新建立情感連結。李奧納多警告我，他的媽媽吉拉（Guila），現在上了年紀，她曾經是個演員，現在還在家庭中擔任「首席女演員」的角色。吉拉來到會談，帶著一個裝滿她為兒子收集的信件、文件的袋子，藉此顯示她對於身為家中五個小孩的長子的李奧納多來說

是多麼慈愛的母親。自然而然地，李奧納多對每一個觀點都提出異議，舊時的戰爭在會談中上演，導致進一步的連結中斷和新的憎恨。很難想像他們已經三十年沒見面了！時間仍讓母子停留在兒子十五歲離家的時候，並且在接下來的三十年裡，雙方對對方都充滿了假設、怨恨，情感疏遠。我在這次會談的目標是，將一個如同法庭上的談判，轉變為能夠治癒及修復連結的機會，畢竟這個連結已經斷裂多年。我相信這是有可能的，因為兒子邀請了母親，而母親也接受了兒子的邀請。

媽媽和兒子坐在家庭的兩端。我決定將自己當做橋樑善加利用。我將兒子的位置移到母親和我之間。僅僅是這個移動，就在他們身上產生了正向的情緒，因為它代表他們既害怕又渴望聯繫彼此的可能性。接著，我將李奧納多的手放在媽媽的手上，用我自己的手，深情且堅定地包覆著他們的手。沒有人將手抽開，所以我將此當作正向的信號，繼續將他們的手握在一起。媽媽覺得有必要談談，重新審視這齣家庭劇碼的關鍵部分。她痛苦地說著李奧納多十四歲時，丈夫毆打她，李奧納多不僅沒有保護她，反而告訴他的爸爸：「多打她幾下！」在回憶這個家庭生命的痛苦事件時，李奧納多別過頭，放開媽媽的手。我提醒媽媽，這是非常特別的場合，不是只為了訴說她曾遭受的痛苦，也是在三十年後聆聽兒子的聲音。媽媽恢復了平靜，帶著慈愛的微笑，望向兒子的眼睛。她握著兒子的手，第一次，她沉默了。李奧納多以微笑回應媽媽的關懷，用擁抱結束這段新發現的親密時光，接著說：

> 我了解身為一個兒子，我可能可以，或是應該要
> 在當時或是其他情況下為你挺身而出。我很抱歉我沒

有這麼做，我請求你的原諒。現在在這裡，我想告訴你，我不恨你，也不再怨你了：我們再次找到彼此，擁抱彼此。這一切都太棒了！儘管如此，這不代表我們可以重新建立正常的關係，那樣只會顯得我很虛偽。我能做到的是發自內心地告訴你，我不恨你，我從來就不恨你，而且我希望你一切都好。

媽媽擁抱他，他們深情地親吻彼此的臉龐。在會談結束時，李奧納多在媽媽穿衣服時替她拿著外套，陪媽媽走出治療室。萊拉也參與了這次的會談，這是她第一次聽見並理解丈夫多年來的心事。這個會談對接下來萊拉、李奧納多及兒子三人的會談來說，有著很大的影響。喬萬尼在爸爸與原生家庭會談時並未出席，但他能夠想像爸爸與祖母在那次會談中他的感受，因而影響了喬萬尼，幫助他真心感謝爸爸，因為爸爸冒著這麼大的個人風險，展現出令人難以置信的勇氣。李奧納多看起來就像剛爬過一座高山的人，精疲力竭，卻因為達到目標而雀躍不已。萊拉，則是第一次，用全新的眼光看待自己的丈夫。

手足的溫暖擁抱

要幫助多年來有著情感隔閡的兩個人，在家庭成員面前重新連結，是修復破裂情感非常有效的方式。伊迪絲和派翠克這對手足藉由疾病來爭取媽媽的關心，我們在第七章有所說明。派翠克深受先天胰臟疾病所苦，伊迪絲則發展出嚴重的厭食症。會談結束時，我請他們用自己坐的椅子之間的空間來測量距離，具體表現出目前兩人的情感距離。他們將彼此的椅子

靠近了些，維持相對來說安全的距離。接著，我問他們想要如何靠近才能讓彼此感到舒服，這時，他們移到非常靠近的位置，因此有了身體上的接觸。受到彼此想要靠近的這個期望的鼓舞，我請他們運用身體來展現對對方的情感，他們非常快樂地將自己的手臂放在對方的肩膀上，握著手繼續會談，這個強烈情感連結的經驗，成為手足關係和整個家庭轉變的開始。

在我的治療工作中，促進疏遠的家庭成員之間象徵性或口語的重新連結，並鼓勵他們在治療過程中具體表達這樣的想法，已經成為一貫的主題。我相信治療本身就是一種儀式，允許在會談中以不同的方式表現親密接觸。這些表達形成了治療儀式的一部分，並且銘記在親身經歷這個過程的人和整個家庭的記憶中，他們是集體轉變的幸運見證人。用深情的手勢、溫暖而持久的擁抱，或者一起大笑或哭泣，建立起新發現的情感連結，可以因此讓個體產生難以置信的轉變，接著治療師就可以將自己當做橋樑，重新連結起家庭系統中中斷的部分。

案例：羅伯的重擔

本章以一個家庭的諮詢片段作結，說明我的介入方法的哲學，列出本書所要呈現的主要概念：

1. 利用口語、非口語及身體接觸，與七歲的羅伯建立治療同盟；

2. 運用具體的隱喻，說明羅伯象徵性扛在肩上的重量，以挑戰他的親職功能；

3. 在媽媽的姊妹中，尋找可以在情緒上支持媽媽的成人資源；

4. 描述媽媽堅忍不拔的故事，以及媽媽在第二個兒子湯米

125

（Tommy）出生時，丈夫不幸去世之後尚未處理的悲傷。

5. 羅伯微笑的意義，反映在爸爸微笑的照片上。

家庭歷史

羅伯（Robert）的爸爸在一場恐怖的車禍後陷入昏迷，幾個月後過世，緊接著湯米就出生了。爸爸過世時，羅伯兩歲，媽媽獨自將兩個孩子撫養長大。由於羅伯的學業成績不佳，以及在校社交退縮的情況，他與媽媽開始接受家族治療。幫助這個家庭兩年的治療師，要求跟我諮詢，並輪流與羅伯或他的媽媽進行個別的聯合會談。開始諮詢時，我（在對話中會以 C 的稱謂出現）問媽媽，我該如何幫助治療師來面對羅伯的問題。媽媽正向地描述了孩子的情況。

除了羅伯以外，還有誰能幫助媽媽呢？

媽媽：羅伯是一個非常敏感的孩子！

C：　　到這邊來，讓我看看你（握著孩子的手腕，像是在確認他的脈搏）這是真的！你是個非常敏感的孩子（輕柔地說話，並看著他的眼睛），你也是一個有著美麗藍眼睛的孩子。我想你將你媽媽照顧得很好，是不是呢？照顧媽媽是你的工作嗎？你知道你在家中是個大男孩嗎？你的肩膀上扛著很重的責任！你有強壯的肩膀嗎？我們能看看你的肩膀有沒有那麼強壯嗎？（孩子看起來像是快被催眠了一樣。這個奇怪的「醫生」，像是能看進他的靈魂一樣，而且指出他認為自己在家中的角色就是保護媽媽。他沒有從與醫生間嬉戲般的身體接觸中退縮。

後來當「醫生」輕按他的肩膀，以確認肩膀有多強壯時，也沒有退開。）

C： 哇喔！你的肩膀真的很強壯！就像石頭一樣！除了你之外，還有誰能夠幫媽媽呢？只有你自己一個人嗎？或是，你想要自己一個人嗎？（羅伯點點頭）

C： 這個工作很重呢，嗯……你現在幾歲？

羅伯：七歲。

C： 對一個七歲的人來說，這份工作負擔很重呢……你有問過阿姨們，請她們幫你嗎？

羅伯：沒有。

C： 從來沒有？還有誰能幫助媽媽？我有個點子（治療室有孩童大小的桌椅，有紙和彩色鉛筆），請你坐在椅子上，你要幫我……你要在這張紙上寫……你喜歡什麼顏色？

羅伯：綠色。

C（指著桌上的紙）：我們要在這邊寫：幫助媽媽，用你自己的話寫。

（羅伯開始用美麗的字體書寫）

C： 你寫得非常好，你是一個好學生！現在，在標題下面，你要列出能幫媽媽的人。你是第一個。誰排在你後面？

（在這個時候，湯米對他哥哥的功課感到很好奇，他靠近桌子，我邀請他坐下，一起寫東西。）

C： 我想我了解你說的了，讓我看看……羅伯是你，湯米是他，這個是媽媽的妹妹，瑞秋？所以，我們已經有三個人可以幫助媽媽，我們可以加上她嗎（指著治療

126

師）？她在幫助媽媽，她可以嗎？」（羅伯點了點頭）

C：　　（看著孩子所寫下的名字）「這是另外一個阿姨，還是同一個？」

媽媽：我有四個妹妹，但她們都為自己的家庭忙著！

C：　　這次見面之後，你覺得蘇（治療師）可以請瑞秋來幫助你和媽媽嗎？

羅伯：我還不知道。

C：　　我想你不太相信你的阿姨，你想要自己做所有的事，對嗎？媽媽是你的，嗯⋯⋯唯一可以幫你一點忙的，是你的弟弟！

當你肩膀負載著五十公斤，你還能微笑嗎？

C（面向媽媽）：所以這兩個這麼棒的孩子，是因為你才長得這麼好？你做得很好！你滿意⋯⋯你為自己感到驕傲嗎？

媽媽：對。

　　　　（這個時候，羅伯維持著嚴肅的表情，沒有微笑，媽媽確認即使是在家中，羅伯也很少笑。）

C：　　當你肩膀上負載著五十公斤的時候，你能微笑嗎？如果羅伯認為他能夠將這五十公斤從肩膀上卸下來，也許就會微笑。我們需要一點魔法（他拿著魔杖，指著孩子的背），現在這五十公斤必須消失！這是約定！你肩膀上載有五十公斤，我們可以把它還給誰？等等，我要給你看些東西。

127　　　（諮商師起身走向治療室的另一邊，那裡有一個屬於負責記錄本次會談的攝影師的帆布背包，帆布包裡裝滿了

器材，他拿起帆布包，要求羅伯將它舉起。）

C：　這個帆布包非常重，你試試看把它舉起來。

　　　（羅伯將它舉起，好像並沒有很重似的）

C：　很重嗎？

羅伯：一點點重。

C：　只有一點點？媽媽，你能確認一下重量嗎？他說只有一
　　　點點重。

媽媽：這很重！

C（面向治療師）：蘇，你也來確認看看。

蘇：　這非常重！

C：　但他說只有一點點重！這真的非常重，你將來一定會成
　　　為舉重冠軍的。你扛著這麼重的重量在肩膀上，如何還
　　　能夠微笑？讓我們看看我們能不能施展一些魔法。

羅伯（自豪地說）：我甚至可以舉起兩個帆布包！

C：　你可以舉起兩個帆布包？像這個這麼重的帆布包嗎？你
　　　真的是個非常強壯的男孩！嗯，媽媽，我們能施展這個
　　　魔法嗎？通常當一個年輕男孩失去爸爸，他需要媽媽
　　　和家裡其他的大人幫助他長大。對湯米來說也是一樣
　　　的，但他知道他沒辦法扛起這麼重的重量，所以他能夠
　　　微笑。

　　　（彷彿像在確認這句話，湯米對他展露了一個美麗的微
　　　笑）

C：　媽媽，你是不是有點擔心他？

媽媽：對，我非常擔心羅伯。

C：　但你是擔心他比較多，還是擔心自己更多一點？

媽媽：擔心他更多一點。

C（指著湯米）：也擔心他嗎？

媽媽：沒那麼擔心。

C：　　所以，你擔心他，他擔心你！我們要怎麼解決這個問題呢？他從出生那天就一直擔心著你，你從他出生那刻就一直擔心著他。嗯，互相擔心沒有任何幫助，我們需要擴展誰能幫助這個家庭的框架。你們兩個太像了，非常敏感、非常悲傷，並且非常緊密。你知道這個情況嗎？你知道你跟媽媽非常像嗎？

媽媽的重擔

C：　　所以，珍妮（媽媽），你也扛著很重的重量嗎？

媽媽：很重。

C：　　當你還是個小女孩，也就是在羅伯這個年紀時，你扛著多重的重量呢？

珍妮：很重的重量。

C（指著羅伯）：他知道這件事嗎？

珍妮：不知道。

C：　　你認為你現在能夠告訴他嗎？

珍妮：我告訴過他，我沒有一個好媽媽。

C：　　「不好的媽媽」是什麼意思呢？

珍妮：她總是留我自己一個人，她拋下我，而我必須學會自己一個人解決事情。

C：　　所以你的媽媽沒有死，只是她沒空。

珍妮：是的。

C：　　一直都是這樣嗎？

珍妮：對，從我很小的時候就是這樣。

C（面向羅伯）：你知道這件事嗎？

羅伯：我不知道。

珍妮（擁抱依偎在她身旁的湯米）：我甚至沒有一個好爸
　　爸，他是個酒鬼，身為老大，我需要照顧所有人，四個
　　妹妹和一個弟弟。

C：　所以，現在誰能夠幫你呢？

珍妮：這是個很大的問題。

C：　你會讓人，像是你的妹妹來幫助你嗎？

珍妮：我住在離妹妹們半小時路程的地方，週間我們不會見到
　　面，因為她們都在工作，也都有孩子。

C：　這聽起來像是個藉口。如果她們需要你，你會幫忙
　　嗎？

珍妮：我會飛奔過去幫她們。

C：　所以你比較擅長給予幫助，而不是接受幫助！

珍妮：我總是擔心自己沒辦法給孩子最多的東西。

C：　你對你的孩子是如此的忠誠；你的確沒有很好的父母
　　親，但你希望能成為孩子完美的父母，給他們最好的東
　　西。你有沒有想過，如果你更開心，不那麼悲傷，他們
　　就會從中受益呢？

孤立六年之後，要這麼做很困難

珍妮：對，我有想過，但在孤立自己六年之後，真的非常困
　　難。

C：　對於失去丈夫這件事，你還是很悲傷？

珍妮：對。

C：　他是一位很好的丈夫嗎？

珍妮：是。

C：　也是一位很好的爸爸嗎？即使時間很短暫？

珍妮：是。

C：　你身上有他的照片嗎？孩子長得像他嗎？

珍妮：羅伯長得非常像他；湯米長得像他奶奶。羅伯有他爸爸
　　　的眼睛和頭髮。

C（轉向羅伯，並拿著爸爸的照片靠近羅伯的臉）：過來這
　　　邊，看著你爸爸，現在我們試著跟爸爸笑得一樣；讓我
　　　看看你的笑容（第一次，羅伯明顯地受到感動，給了爸
　　　爸一個美麗的微笑）多美呀！你真的好像他！媽咪不知
　　　道，她愈開心你就會愈開心！

給予治療師的建議

C（轉向蘇）：我不會將太多焦點放在學校問題上，撇開學
　　　校，他是個很棒的學生！他必須卸下所有的重量，然後
　　　他就會在每一件所做的事情上表現出色。現在他有一點
　　　悲傷，也有好理由讓自己悲傷。這個家庭需要注入希
　　　望、輕鬆、活力和歡樂。我們需要「打開房子」（open
　　　the house），重新活化珍妮和妹妹們的關係，幫助珍妮
　　　為自己求助，在這樣重大的失落後，找到時間處理自己
　　　的悲傷。只有這樣，她才能再次對生命展開笑顏，羅伯
　　　也才能允許自己微笑。

會談後續

　　兩個月後，蘇與這個家庭會面，每個人都很興奮地談論這
次的會談，每次提及這次的諮詢，羅伯容光煥發。藉由這次會

談，媽媽清楚地理解到，丈夫死亡對於孩子和自己的影響、生命中缺乏他人的支持，以及她的兒子如何試著填補她情緒上的失落。至於未來的治療計畫，包括了媽媽與蘇將會進行個別會談以協助她處理悲傷，並邀請她的妹妹們、幾個朋友前來會談，為家庭找到新的資源。在我的建議下，蘇也計畫邀請一個男性協同治療師協助治療會談，期待男性治療師在場，可以提供男孩們更多的支持。

第十章

心理治療與研究中的人類面向

一九七〇年間，整個西方世界的精神科醫師與心理學家一致反對將病患拘禁於精神病院，或施以其他形式的身體與藥物控制。由於將心理疾病患者與社會隔絕、邊緣化的介入模式難以奏效，社會社區精神醫學與家族治療於焉而生，並開始發展。我們歷經了很長一段時間，才消弭了正常與病態之間的關係裂痕，並讓疾患中的人類資源得以浮現。我們同樣花了好長的時間來發現、具體驗證，療癒的能力不僅能在病患身上找到，也能在家庭、社會脈絡及人類的團結裡找到。

在臨床工作中，我們的體會是，兒童和青少年的聲音**必須**在家庭、學校、治療機構等脈絡中被聽見。孩子的心理或心身障礙，往往是家庭困擾的強力指標，而這些困擾並非只是孩子現在面臨到的困難而已。在家族治療中傾聽孩子的聲音，往往可以在許多層面上出現重要的轉變；針對重要且通常戲劇化的生活現實面貌進行介入，也能有助於加速解除兒童或青少年的症狀（Andolfi & Mascellani, 2013）。

醫療模式運用於心理與關係議題的局限

過去幾十年間，醫療模式已經擴展超越了純醫學的領域，對精神病理學產生重大的影響，並朝向生物學方向發展。如今，即使是健康的人，也習於尋找神奇方法來預防或消除悲傷、不快樂、性欲喪失、悲痛、年老、焦慮及孤獨。

經過「科學測試」的藥物與手冊，例如第五版的《精神疾病診斷準則手冊》（*Diagnostic and Statistical Manual of Mental Disorders, DSM-5: American Psychiatric Association, 2013*），試圖擴展醫學－精神病學模式，將幾乎所有的人類行為都納入一本分門別類的聖經裡。診斷和藥物使用已然失控，精神醫學的範疇擴張，正常狀態變得更為限縮。身兼第四版《精神疾病診斷準則手冊》的編輯之一，也是著名精神科醫師法蘭西斯（Allen Frances, 2013）提出，有百分之二十的成年人深受精神障礙之苦，另有百分之二十的成年人則在服用精神藥物。此外，目前還有一種**聰明藥**（smart pills），可以改善認知能力，讓諸如外科醫師、機師、企業人士等增進最佳功能狀態，更不用說服用安非他命來應付考試壓力的學生族群了。姑且不論人們對於這些藥物假設的功效如何，真正令人擔心的是，期待人們成為「超級英雄」的這種生活哲學，時下的社會觀點就是要不計代價地取得成功，不能軟弱或失敗。然而，這些「科學發明」的倫理意涵是什麼呢？

家族治療在一九六〇年代中期發源於美國，遍及西方世界。然而，現在家族治療在發源地急遽式微，卻在亞洲國家展開新的一頁，全新且充滿活力，而且似乎已經扎下根基，變得愈形重要。我們不能忘記，家族治療在美國失去動能的原因之一在於，精神疾患家屬協會（Association of the Families of the Mentally Ill）對治療師的強烈反對，他們指出，治療師因孩子的心理失功能而指責家長。而他們的指控並非不公平。

神經科學和大腦功能研究的出現，開啟了令人驚嘆的研究領域（想想鏡像神經元的發現）與臨床實驗的進行，可能為

帕金森氏症、阿茲海默症及自閉症等疾患找到有效的治療方法。同時，因為有這些神經生物研究的支持，也助長了許多形式的精神病理表現使用精神藥物的加速成長與濫用，甚至到了為注意力不足／過動症和其他失功能障礙的孩子開立高劑量的抗憂鬱藥物的地步。社區精神醫學、甚至心理動力取向，都已經失色，新一代的精神科醫師似乎完全相信生物治療所提供的激進解決方案。病患個別評估與病理標籤，再加上精神藥物的濫用，影響了治療機構與專業人員的工作取向，也局限了他們的能力，他們只能看見病患的個人症狀與案家故事的片段，而無法看見他們的人性、情感及能力。在如此景況中，非常需要進行家庭心理治療的成效研究，以證明家族治療可以是另一種治療個案的方式，即運用家庭為復原的主要資源，而不是以標籤化與治療症狀為主。

家族治療的成效研究

無疑地，心理治療在制定有關治療效果的共享且可驗證的評估標準上，明顯地耽擱了，直到最近幾年，家族治療才在結果評估方面有了重大的研究成果，並得到科學社群和所屬協會的認可。儘管如此，很少有研究計畫讓治療後的案家積極參與、建立的評估標準，以評估其治療效果，這裡隱含的前題假設是，只有專業人員才知道如何選擇、組織有科學證據的研究數據。

133

對心理治療結果進行評估的抗拒

心理治療結果制定評估標準的延遲，可歸因於許多因素。精神分析，身為心理治療的起源，幾十年來一直迴避對個別治

療結果進行任何形式的評估。保密的觀念、缺乏有關治療進展的外部報告，使得個案的家長、配偶或同儕無法獲得治療變化的相關資訊，彷彿他們是不受歡迎的闖入者。保密概念仍是絕大多數個別治療的支持基礎，就好像與個體在最深層與最個人的部分所建立的投契關係（rapport）是一種祕密，與個體所屬的更大社群完全分開。即使個案敘述治療有所成效，仍然缺乏「社會認同」，即家庭成員與更大的社交網絡可證明個案的變化。此外，治療結果的陳述也受到治療師自己主觀的強烈影響。

評估家族治療效果有其複雜性的第二項原因在於，我們經常使用那些用於個別治療的相同標準去評估治療同盟、症狀的解決及改變。一位個案能夠比較輕鬆地描述治療關係的品質、參與會談，以及與治療師同盟的歷程、症狀的解決及達成的結果。而讓兩個人（伴侶治療）、或不同人（家族治療）來形成治療結果的正式報告，所採用的評估標準是非常不同的。如果家族治療是以修正個體行為或解除症狀為目標，那麼詢問個案對治療的滿意度並不困難，一旦症狀解除，詢問家庭的意見也很簡單。這就是為什麼評估短期焦點解決、策略和認知治療，並不困難的原因。然而，當我們期待的是整個家庭的轉變歷程，而非僅是消除個體症狀時，陳述治療有效性的標準就會大不相同。在這種情況下，面對需要針對伴侶關係危機進行介入、或兒童青少年的嚴重疾患時，個體的症狀只是「冰山的一角」，一旦對此有所觀察與體認，我們需要處理的就會是整座冰山。

家族治療領域的開創性研究

平索夫（William Pinsof）一直以來都是西北大學家庭研究中心（Family Institute of Northwestern University）有關家族治療歷程與結果之研究領域的先驅。他與格林堡（Leslie Greenberg）合作，編輯了一本名為《心理治療歷程》（*The Psychotherapeutic Process, Pinsof & Greenberg, 1986*）的著名研究手冊。之後，他期待能與生物心理治療（biological psychotherapy）進行整合（1995），與懷恩（Lyman Wynne）合作，嘗試縮小臨床實務與研究之間的差距（2000），前幾年，他提出了**以問題為中心之整合性超結構治療**（Integrative Problem Centered Metaframeworks Theory, Breunlin, Pinsof & Russell, 2011）。最近幾年，研究者多將研究聚焦在治療關係的品質，以及促成治療師與家庭的同盟關係之因素。法蘭德、埃斯庫德羅與西瑟林頓（Myrna Friedlander, Valentin Escudero & Laurie Heatherington, 2005）發展出一項名為「觀察家族治療同盟的系統」（System for Observing Family Therapy Alliance，簡稱 SOFTA）之模型，旨在研究不同家庭成員之間，以及每位家庭成員與治療師之間的互動品質。鄧肯、米勒與史巴克斯（Barry Duncan, Scott Miller & Jacqueline Sparks, 2000）在《個案英雄》（*The Heroic Client*）一書中，也提出相同的目標，描述一種創新做法，藉由將治療聚焦於個案，每次會談後讓每位家庭成員針對治療結果進行評量，以改善介入的有效性。因此，透過家庭的回饋，治療師能夠評估如何進行或改變介入方法，有利於家庭在會談中更投入和提供方向，以達成所設定的目標。

費華茲‧蒂波申奇與柯柏茲‧文利也以主要三角關係為

基礎，研究治療同盟，這個研究側重於對嬰兒、母親、父親三人之間的互動進行微觀分析（micro-analytic）觀察。之後，這個臨床研究模式被擴展，納入學齡前孩童，也就是所謂的「洛桑三方互動」，費華茲・蒂波申奇與菲利浦（Diane Philipp, 2014）在《嬰兒與父母》（*The Baby and the Couple*）一書中對此有所描述。卡爾（Alan Carr, 2009a, b）則持續針對家族治療在過度關注子女（child-focused）議題，以及對成人的介入成效，進行更大規模的調查研究，並發表在同一期的《家族治療期刊》（*Journal of Family Therapy*）刊物中。他在兩篇文章中提出從後設分析、文獻探討及控制組實驗所獲得的證據，證明伴侶與家族治療對各種關係或心理困擾的成人及孩子是有效的。前幾年，崔斯頓與戴奇（Thomas Sexton & Corinne Datchi, 2014）則在文章中提到家族治療研究的發展與演變，以及其對於家族治療領域的實務與未來方向的影響。下一節將說明實務與臨床研究之整合，接受治療後的家庭，在導正並擴展我們的研究標準，以及反映出我們實務工作的效果上，扮演著重要角色。

納入案家的長期追蹤臨床研究

《亞特拉斯的神話》（*The Myth of Atlas*, Andolfi, Angelo & de Nichilo, 1989）一書中，我們探討了家族治療後追蹤會談的一些標準。我們的目標在於確認個體的變化，包括：尋求治療的症狀之解除、家庭關係模式之轉變。在那本書出版之後，我們又花了十二年，進行一項家族治療後追蹤效果的質性研究計畫（Andolfi, Angelo & D'Atena, 2001），共計有一百五十組伴侶和家庭，在治療後三到四年之後接受了訪談。可惜

135

的是，這本書沒有英譯本。我們網羅了一群研究人員／心理學家，他們分別利用電話及在追蹤會談進行錄音，與家庭和治療師進行訪談與調查，以檢核整個治療系統的反饋。這項研究計畫的目的在於，首先探討家庭尋求治療所呈現之個人議題的治療結果；其次，我們想探討，家庭在這幾年之間的變化、每位家庭成員對於治療有什麼記憶，以及哪些會談或特定情境是他們認為最有轉化力或是難以處理的部分。治療師也會被問到同樣的問題，以探究他們所記得家庭成員和家庭對治療歷程滿意度的記憶。此外，我們也想探討，治療師在治療過程中的什麼時候會感到卡住或面臨僵局。在伴侶治療的部分，訪談程序也大致相同。電話訪談會分別與伴侶雙方訪談，面對面訪談則是與伴侶雙方一起進行。

我們無法用簡短幾行字來說明這個重要研究的成果，但我想在此說明一些整體的看法。首先，我們發現進行這個研究計畫的社會價值。我們所訪談的家庭之所以接受治療，是因為家庭中有一位或多位成員，深受長期的精神疾患、身心或關係障礙之苦。在治療結束的幾年之後，他們滿懷感激，開心地接受我們的邀請，參加追蹤會談，陳述他們對治療經驗的反饋與效果，這對其他的困擾家庭是大有助益的。此外，對重要治療段落的記憶，能幫助身為治療師的我們，更理解介入的實用性與時機。例如：一些個案提到，最重要、最具挑戰的會談是邀請原生家庭參加的會談。這驗證了我們對治療性交會的轉化力量之假設，也為這些會談需要事前做足準備，以及邀請時機的正確性，提供了回饋，否則，治療走入僵局的可能性就非常高。而在非口語語言和家庭雕塑做為家庭關係之情感地圖的實用性，我們也得到相關的驗證。家庭雕塑所呈現的強而有力之

意象，加上治療中運用隱喻性物件喚起回憶之力量，能長時間地持續烙印在家庭的集體記憶中。這些物件一旦在會談中運用，會帶來非常多樣的關係意涵。這些家庭記述了他們對改變的恐懼、渴望與期待是如何意味深長地體現在他們身上。

我們再次體認到，在會談中，穩固的治療同盟與安全且信任的氛圍，對於面對痛苦、有時戲劇性的議題，是不可或缺的，也是產生改變的最關鍵因素。有些家庭提出，治療師的同在與對家庭的個人承諾，在整個治療的旅程中，至關重要。此外，他們也提到很重要的命題，有些介入或特定建議讓人有時感到寬慰、有時則十分挑戰，能幫助家庭成員不再受困。而我們相信需要相當長的時間來鞏固治療進展，這一點也獲得驗證。我們注意到，在那些滿意度高的治療情境中，家庭成員的記憶和治療師的記憶非常類似，似乎在治療系統產生了相當強烈的情感共鳴。最後一點，那些能夠在治療中共同合作、最妥善運用資源的家庭，能獲得最好的治療效果。在追蹤會談中，他們樂於展現正向的改變，這些改變從他們的身體語言、姿勢與神情上，清楚可見。至於伴侶的部分，他們也描述，走過這段漫長且複雜的旅程，在個人及伴侶關係中都有所改變，很高興在治療中汲取教訓並達成目標。即使是那些選擇分手的伴侶，也很高興在沒有怨恨、沒有把子女牽扯進情感分離歷程的情況下，結束生命中的一段篇章。

湯瑪斯復原了：是奇蹟？還是療癒歷程？

我想要以湯瑪斯（Thomas）這位年輕人和他絕望父母的獨特治療經驗，為本書寫下結語。現在有一種模式是，在治療中不將家庭的負面生活經驗視為問題進行探究，而是將評估局

限於需要治療的特定疾患上。湯瑪斯的故事，不同於主流醫療模式，為「根據我們在治療效能與結果的證據」所提出的另一種做法，提供了一個很好的例子。事實上，湯瑪斯和他的家庭故事，直接挑戰了我們用於評估與治療精神病患的精神醫學做法的傲慢與限制。

　　四年前，有人請我到法國北部與湯瑪斯和他的家人進行諮詢會談。當時湯瑪斯二十歲，是家中的獨子。他在出生時被診斷患有睪丸發育缺失，這是一種令人虛弱的罕見疾病。由於嚴重的荷爾蒙失調，呈現明顯的女性特質，因而導致湯瑪斯的兒童和青少年階段，在學校與同儕之間出現嚴重的關係問題。一再的霸凌迫使湯瑪斯提早輟學。從十二歲開始，他一直進出精神病院，而在二十歲之際，他的人生幾乎有一半時間都是在醫院度過。在這段期間，湯瑪斯身上有為數可觀的診斷標籤：思覺失調症（schizophrenia）、邊緣型人格障礙（borderline personality disorder）、雙相情緒障礙症（bipolar disorder，又稱躁鬱症）、飲食障礙症（eating disorder）等等。每個診斷伴隨著頻繁的藥物調整，包括電痙攣療法。他的父母都是樸實的人，住在諾曼第（Normandy）一個小村莊，似乎對兒子的康復不抱希望，更遑論他接受的精神治療。母親照料湯瑪斯的一切，但是她過於保護，把他當作年幼、不成熟的孩子。他最近的精神科醫師通常與他個別會面，偶而也與父母會面。醫師建議與我進行諮詢會談，希望能獲得更有幫助的新工作方向。

　　我無法詳述這次會談的情形，僅提出兩、三項基本介入做法。第一個介入，與我在進行諮詢之前考量我如何在治療中呈現我自己有關。我不想讓自己是一位強大的精神科醫師／家族治療師，我故意在會談中選擇用我有限的法語來表達，而不

137

是在其他情況中借用翻譯人員居中翻譯的做法。我想要謙虛一點，好激發出家庭的優勢。我手上拿著法語字典進入會談室。我拿著一張紙，放在會談室中央的桌子上。我在會談一開始就要求湯瑪斯寫下一些自己的優點，這對他和他父母來說，都是出乎意料且不尋常的問題，因為他們更習慣討論他的缺點和疾病。經過一段等待時間，加上我不斷地鼓勵，湯瑪斯受寵若驚地開始列出幾項他的正向特質：慷慨、有創意、利他主義，這些特質也一點一點地從父母口中獲得證實，他們同樣因為精神科醫師問如此不尋常且看似不重要的問題，而感到驚訝。這個做法轉化了會談的情境，他們三人明顯地放鬆下來，因為湯瑪斯的正向特質促進了家庭的連結，與他們平常對湯瑪斯的精神疾病所帶來的羞恥與悲傷，形成了鮮明對比。而我提出這個問題的目的，正是去挑戰這個家庭已深入骨子的絕望。

透過列出正向特質、與這位年輕人建立同盟關係後，我請湯瑪斯從父母中間的座位移到我旁邊。當湯瑪斯坐在父母中間時，他退化得像個六歲的孩子，每當他想說話的時候，都會看著母親以獲得確認。坐在父母中間的他，外觀與行為就像個小孩子，然而一離開那個空間，從身體或隱喻面向來看，他的行為立刻變得成熟許多。我開始視他為成人和他互動，探索他父母的成長經歷。這是他人生第一次以成年人狀態，得到他父母的認可與傾聽，他們很難相信兒子竟然會對他們的人生故事如此感興趣，而且還相當了解。

早在湯瑪斯出生之前，這對父母在原生家庭就肩負繁重的責任與義務，結婚多年，經歷生育困難之後，才有了湯瑪斯。母親有個酗酒的父親和完全失功能的母親，從十歲起，她

就開始照顧手足。我明白，這位母親從小就負責處理每個人的問題，她的人生一直承擔這樣的功能。除了湯瑪斯的狀況以外，她也照顧她的丈夫，持續支持丈夫，處理他憂鬱的情緒。湯瑪斯的父親在整個會談中都處於悲傷與退縮的狀態，他成長於一個在田地辛勞工作的農家，這個家因為兩位早逝的女兒充滿悲傷，其中一位是父親的姊姊，另一位則是晚父親幾年出生的妹妹。這位父親看起來就像是跟著兩位姊妹一起埋葬了，在現在的家庭中沒有太多的聲音與動力。

令人驚喜的是，我們在會談中再一次留意到，移除責難與悲傷的氛圍，為家庭扭曲和個人痛苦賦予話語與意義的力量。回顧家庭歷史、揭露過去議題，讓我們對現在更開放。在將母親命名為「專業幫手」時，她獲得允許，嘗試改變她長期幫忙的角色，並容許其他人來支持她。讓父親深埋的悲傷與失落發聲，他開始能面對生命早期的憂鬱，學習承擔更多個人的權力。以正向眼光重新框視湯瑪斯，為湯瑪斯與他的家庭灌注了希望，他因此能夠痊癒、康復，並進入主流社會中。把湯瑪斯從家庭的憂慮與關注焦點中釋放出來，讓這對父母感到更有生命力。以家庭為一個治療單位，進行「一體性」（weness）的介入工作，家庭開始有活力，也開啟了轉化的可能性。

儘管湯瑪斯人生的一半歲月幾乎都在醫院度過，我特別注意到，他的心理機能仍完整且功能良好。這項評估給我了動力，我建議湯瑪斯找份工作，搬離家，與父母和醫院拉出該有的距離。執行這項計畫，仍有賴精神科醫師繼續地承諾投入與支持，他是第一個以家庭的觀點，對湯瑪斯和他的父母感到好奇的精神科醫師。這次會談對這個家庭產生極佳的正面效果，我自己也印象深刻，不過我對未來也不太確定。在我還是

新手精神科醫師時，資深專業人員就有所警告，不要輕信奇蹟般的結局，更要意識到「早日康復」就有嚴重復發的可能性。然而，我始終質疑這種「慢性疾病患者和家人都是注定如此、難以改變的」帶有偏見的假設。在治療中，為家庭成員注入希望與賦能之後，我會站在「靜觀其變」的位置。

　　一年多後，我收到這位精神科醫師簡短的信函，他持續與這個家庭會面好幾個月。他說，湯瑪斯目前住在離父母十五公里的一個小鎮公寓，與父母的關係已經大有改善。此外，他在當地的印象派博物館中找到一份兼職工作。信裡還說，這個家庭對諮詢會談的印象非常好，如果我回法國的話，他們很樂意再與我見面，「好讓我看看湯瑪斯的改變」。一年之後，我到巴黎參加家族治療研討會，我邀請這個家庭和他們的精神科醫師來追蹤會談。儘管已有多年的臨床經驗，我還是不敢相信我的眼睛，湯瑪斯的改變不僅表現在言談舉止上，也在他對人生全新且積極的態度上展露無遺。湯瑪斯的父親看起來更有活力，母親則輕鬆許多，父母兩人終於從長達二十年的夢魘中走出來，甚至在多年的情緒疏離之後，開始以伴侶角度看待彼此。隔年，我再次與湯瑪斯聯繫，電話中，精神科醫師告訴我湯瑪斯非常想跟我說話，湯瑪斯則表示，他很遺憾無法到巴黎與我見面，因為工作太忙！同時，他也證實，他父母竟然開始一起做事，這是他從未想像過的。去年十一月，我又回到巴黎，在工作坊的眾多與會者面前，跟湯瑪斯利用 Skype 對話。我邀請他日後來澳洲找我，一起去看袋鼠，也請他寄他在博物館工作的照片給我。他在電話中非常感動，許多聽過他個人復原與美好故事的專業人員，也回應了這份感動。他的父母寄給我一封長信，描述他們做為父母及一對伴侶的第二段人

生。

　　這些深受困擾的家庭，從痛苦與悲傷轉為希望與正向經驗的漫長、充滿張力的旅程，豐富了我的專業生涯，讓我對治療性交會有深刻的體會，這樣的體會超越了專業表現與成功。湯瑪斯和本書所描述的其他許多有困擾的人們，不論是孩子或成人，藉由與家人一起轉化與療癒的能力，成為難得的機會與特別的禮物，啟動我內在最人性與最靈性的部分，使我能以關懷、愛，與他們建立情感上的連結。我希望藉由這本書的許多例子，幫助治療師真實成為自己，發現治療的真正藝術。

｛附錄一｝

參考文獻

第一章

Ackerman, N. W. (1958). *The Psychodynamics of Family Life*. New York: Basic Books.

Anderson, H. & Goolishian, H. A. (1988). Human Systems as Linguistic Systems: Preliminary and Evolving Ideas about the Implications for Clinical Theory. *Family Process*, 27(4), 3-12.

Andolfi, M. (Ed.) (2002). *I Pionieri della Terapia Familiare*. Milan: Franco Angeli.

Andolfi, M. & Angelo, C. (1988). Toward Constructing the Therapeutic System. *Journal of Marital and Family Therapy*, 14, 237-247.

Andolfi, M. & Mascellani, A. (2013). *Teen Voices: Tales of Family Therapy*. San Diego: Wisdom Moon Publishing.

Bateson, G. (1979). *Mind and Nature: A Necessary Unity*. New York: Dutton.

Bateson, G., Jackson, D. D., Haley, J. & Weakland, J. (1956). *Toward a theory of schizo-phrenia. Systems Research and Behavioral Sciences*, 1(4), 251-264.

Berger, M. (Ed) (1978). *Beyond the Double Bind. Communication and Family Systems Theories and Techniques with*

Schizophrenics. New York: Brunner/Mazel.

Bocchi, G. & Ceruti, M. (Eds.) (1985). *La Sfida della Complessità*. Milan: Feltrinelli.

Boszormenyi-Nagy, I. & Framo J. L. (Eds.) (1965). *Intensive Family Therapy*. New York: Hoeber.

Boszormenyi-Nagy, I. & Spark, G. (1973). *Invisible Loyalties: Reciprocity in Intergenerational Therapy*. New York: Harper & Row.

Bowen, M. (1978). *Family Therapy in Clinical Practice*. New York: Jason Aronson.

Capra, F. (1982). *The Turning Point, Science, Society and the Rising Culture*. New York: Simon and Schuster.

Ceruti, M. (1994). *Constraints and Possibilities: The Evolution of Knowledge and Knowledge of Evolution*. New York: Gordon & Branch.

Framo, J. L. (1992). *Family of Origin. An Intergenerational Approach*. New York: Routledge.

Framo, J. L., Weber, T. & Levine, F. B. (2003). *Coming Back Again: A Family of Origin Consultation*. New York: Routledge.

Haley, J. (1969). An Editorial Farewell. *Family Process*, 8(2), 149-158.

Haley, J. (1976). *Problem-Solving Therapy*. San Francisco: Jossey-Bass.

Haley, J. & Hoffman, L. (1981). *Foundation of Family Therapy*. New York: Basic Books.

International conference on *The Pioneers of Family Therapy*. Rome:

Accademia di Psicoterapia della Famiglia, 8-10 December 2000.

Mc Namee, S. & Gergen, K. J. (Eds.) (1992). *Therapy as a Social Construction*. London: Sage.

Miller, J. G. (1978). *Living Systems*. New York: McGraw-Hill.

Minuchin, S. (1972). Structural Family Therapy. In P. J. Kaplan (Ed.) *American Handbook of Psychiatry*. New York: Basic Books, pp. 178-192.

Minuchin, S. (1974). *Families and Family Therapy*. Cambridge, MA: Harvard University Press.

Minuchin, S. (2002). Una Coperta di Pezze per la Terapia Familiare. In M. Andolfi (Ed.). I *Pionieri della Terapia Familiare*. Milan: Franco Angeli.

Selvini Palazzoli, M., Boscolo, L., Cecchin, G. & Prata G. (1978). *Paradox and Counter-paradox: A New Model in the Therapy of the Family in Schizophrenic Transaction*. New York: Jason Aronson.

Selvini Palazzoli, M., Boscolo, L., Cecchin, G. & Prata G. (1980). Hypothesizing, Circularity, Neutrality: Three Guidelines for the Conduction of the Session. *Family Process*, 19(1), 3-12.

Stern, D. N. (2004). *The Present Moment in Psychotherapy and Everyday Life*. New York: Norton.

Telfener, U. (2002). Le Mille Vite di J. Haley: Un Percorso Polifonico. In M. Andolfi (Ed.) *I Pionieri della Terapia Familiare*. Milan: Franco Angeli, pp. 103-114.

Ugazio, V. (1985). Oltre la Scatola Nera. *Terapia Familiare*, 19, 73-

83.

Von Bertalanffy, L. (1968). *General Systems Theory*. New York: Braziller.

Von Foerster, H. (1981). *Observing Systems*. Seaside, CA: Intersystems Publications.

Watzlawick, P., Beavin, J. H. & Jackson, D. D. (1967). *Pragmatics of Human Communication. A Study of Interactional Patterns, Pathologies, and Paradoxes*. New York: Norton.

Whitaker, C. A. (1989). *Midnight Musings of a Family Therapist*. New York: Norton.

第二章

Aldous, J. (1990) Family Development and the Life Course: Two Perspectives on Family Change. *Journal of Marriage and Family Therapy*, 52(3), 571-583.

Andolfi, M. (1979). *Family Therapy - An Interactional Approach*. New York: Plenum Press.

Andolfi, M. (Ed.) (2002). *I Pionieri della Terapia Familiare*. Milan: Franco Angeli.

Andolfi, M. (2003). *Manuale di Psicologia Relazionale*. Rome: A.P.F.

Andolfi, M. & Mascellani, A. (2013). *Teen Voices. Tales of Family Therapy*, San Diego: Wisdom Moon Publishing.

Andolfi, M., Angelo, C. & de Nichilo, M. (1989). *The Myth of Atlas: Families and the Therapeutic Story*. New York: Brunner/Mazel.

Andolfi, M., Falcucci, M., Mascellani, A., Santona, A. &

Sciamplicotti, F. (Eds.) (2007). *Il Bambino come Risorsa nella Terapia Familiare*. Rome: A.P.F.

Becvar, D. S. (2007) *Families that Flourish*. New York: Norton.

Boszormenyi-Nagy, I. & Spark, G. (1973). *Invisible Loyalties*; Reciprocity in Intergenerational Family Therapy. New York: Harper & Row.

Bowen, M. (1978). Family Therapy in Clinical Practice. New York: Jason Aronson.

Bray, J. H., Williamson, D. S. & Malone, P. E. (1986). An Evaluation of an Intergenerational Consultation Process to Increase Personal Authority in the Family System. *Family Process*, 25(3), 423-436.

Byng-Hall, J. (1979). Re-editing Family Mythology During Family Therapy. *Journal of Family Therapy*, 1(2), 103-116.

Byng-Hall, J. (1995). *Rewriting Family Scripts: Improvisation and System Change*. New York: Guilford Press.

Carter, E. A. & McGoldrick, M. (1980). *The Family Life Cycle: A Framework for Family Therapy*. New York: Gardner Press.

Carter, E. A. & McGoldrick, M. (1988). *The Changing Family Life Cycle: A Framework for Family Therapy* (2nd ed.). New York: Gardner Press.

Collins, D., Jordan, C. & Coleman, H. (2007). *An Introduction to Family Social Work*. Belmont, CA: Brooke & Cole.

Di Nicola, V. F. (1985). An Overview: Family Therapy and Transcultural Psychiatry: An Emerging Synthesis in the Conceptual Basis. *Transcultural Psychiatric Research Review*,

22(2), 81-113.

Di Nicola, V. F. (1997). *A Stranger in the Family: Culture, Families, Therapy*. New York: Norton.

Duval, E. & Miller, B. (1985). *Marriage and Family Development*. New York: Harper & Row.

Falicov, C. J. (1983). *Cultural Perspectives in Family Therapy*. Rockville, MD: Aspen Corporation.

Ferreira, A. J. (1963). Family Myth and Homeostasis. *Archives of General Psychiatry*, 9, 457-463.

Goff, J. K. (2001). Fundamentals of Theory and Practice: Revisited Boszormenyi-Nagy and Contextual Therapy. An Overview. *Australian & New Zealand Journal of Family Therapy*, 22, 147-157.

Goldenberg, H. & Goldenberg, I. (2008). *Family Therapy. An Overview*. Belmont, CA: Brooks & Cole.

Guerin, P. J., Fogarty, T. F., Fay, L. F. & Kautto, J. G. (1996). *Working with Relationship Triangles*. New York: Guilford Press.

Haley, J. (1973). *Uncommon Therapy: the Psychiatric Technique of Milton Erickson*. New York: Norton.

Innes, M. (1996). Connecting Bowen Theory with its Human Origin. *Family Process*, 35, 487-500.

Kerr, M. & Bowen, M. (1988). *Family Evaluation. An Approach Based on Bowen Theory*. New York: Norton.

Lawson, D. M. (2011). Integrated Intergenerational Therapy with Couples. In D. Carson & M Casado-Kehoe (Eds.) *Case Studies in Couples Therapy*. New York: Routledge, PP. 79-91.

Lemaire, J. G.(1984). "La Réalité Informe, Le Mythe Structure. *Dialogue*, 2, 3-23.

Levi-Strauss, C. (1981). *The Naked Man*. New York: Harper & Row.

Mattessich, P. & Hill, R. (1987). Life Cycle and Family Development. In M. B. Sussman and S. K. Steinmetz (Eds.) *Handbook of Marriage and the Family*. New York: Plenum Press, pp. 437-469.

Minuchin, S. (1974). *Families and Family Therapy*. Cambridge, MA: Harvard University Press.

Minuchin, S., Montalvo, B., Rosman, B. & Schumer, F. (1967). *Families of the Slum*. New York: Basic Books.

Mollica, R. (2006). *Healing Invisible Wounds*. San Diego: Harcourt.

Papero, V. D. (1990). *Bowen System Theory*. London: Pearson.

Rasheed, J., Rasheed M. & Marley, J. (2011). *Family Therapy: Models and Techniques*. London: Sage.

Rodgers, R. (1973). *Family Interaction and Transaction: The Developmental Approach*. Englewood Cliffs, NJ: Prentice-Hall.

Scabini, E. & Marta, E. (1995). *La Famiglia con Adolescenti: uno Snodo Critico Inter-generazionale. Quarto rapporto CISF sulla Famiglia in Italia*. San Paolo: Cinisello Balsamo.

Seltzer, W. J. & Seltzer, M. R. (1983). Material, Myth, Magic: A Cultural Approach to Family Therapy. *Family Process*, 22(1), 3-14.

Shaputis, K. (2003). *The Crowded Nest Syndrome: Surviving the Return of Adult Children*. Centralia, WA: Gorham.

Sluzki, C. (1992). Transformations: A Blueprint for Narrative

Changes in Therapy. *Family Process*, 31(3), 217-230.

Walsh, F. (Ed.) (1982). *Normal Family Processes*. New York: Guilford Press.

Whitaker, C. & Keith, D. (1981). Symbolic Experiential Family Therapy. In A. S. Gurman & D. P. Kniskern (Eds.) *Handbook of Family Therapy*. New York: Brunner/Mazel, pp. 187-225.

Williamson, D. S. (1981). Personal Authority via Termination of the Intergenerational Hierarchical Boundary: A New Stage in the Family Life Cycle. *Journal of Marital and Family Therapy*, 7(4), 441-452.

Williamson, D. S. (1991). *The Intimacy Paradox*. New York: Guilford Press.

Zuk, G. B. & Boszormenyi-Nagy, I. (1969). *Family Therapy and Disturbed Families*. Palo Alto, CA: Science Behavior Books.

第三章

Ahrons, C. A. (2007). Family Ties after Divorce. Long Term Implication for Children. *Family Process*, 46, 53-65.

Amato, P. R. (2000). The Consequence of Divorce for Adults and Children. *Journal of Marriage and Family*, 62, 1269-1287.

Andolfi, M. & Mascellani, A. (2013) *Teen Voices - Tales from Family Therapy*. San Diego: Wisdom Moon Publisher.

Andolfi, M., Mascellani A. & Santona, A. (Eds.) (2011). *Il Ciclo Vitale della Coppia Mista*. Milan: Franco Angeli.

Aquilino, W. S. (2006). The Noncustodial Father-Child Relationship from Adolescence into Young Adulthood. *Journal of Marriage and Family*, 68, 929-946.

Blau, M. (1993). *Families Apart: Ten Keys to Successful Co-parenting*. New York: Putman & Sons.

Bonvicini, M. L. (1992). *Immigrer au Féminin*. Paris: Ed. Ouvrières.

Boss, P. (2006). Loss, *Trauma and Resilience: Therapeutic Work with Ambiguous Loss*. New York: Norton.

Bray, J. H. & Kelly, J. (1998). *Stepfamilies: Love, Marriage and Parenting in the First Decade*. New York: Random House.

Brodzinsky, D. M. & Palacios, J. (Eds.) (2005). *Psychological Issues in Adoption*, Research and Practice. Santa Barbara, CA: Praeger Publisher.

Brodzinsky, D. M. & Schechter, D. (Eds.) (1993). *The Psychology of Adoption*. New York: Oxford University Press.

Carter, B. & McGoldrick, M. (Eds.) (2005). *The Expanded Family Life Cycle: Individual, Family and Social Perspective* (3rd ed.). New York: Pearson.

Chistolini, M. (2010). *La Famiglia Adottiva*. Milan: Franco Angeli.

Ciola, A. (1997). Stare Qui Stando Là (star Seduto fra due Sedie o la Condizione del Migrante). *Terapia Familiare*, 5, 21-28.

Crouch, S., Walters, E., McNair, R., Power, N. & Davis, N. (2014). Parent-Reported Measures of Child Health and Well-being in Same Sex Parent Families: a Cross Sectional Survey. *BMC Public Health*, 14, 1-12.

D'Andrea, A. (2001). *I Tempi dell'Attesa*. Milan: Franco Angeli.

Di Nicola, V. F. (1997). *A Stranger in the Family: Culture, Families, Therapy*. New York: Norton.

Goldscheider, F. & Sassler, S. (2006). Creating Stepfamilies: Integrating Children in the Study of Union Formation. *Journal of Marriage and Family*, 68, 275-291.

Golombok, S. (2015). *Modern Families. Parents and Children in New Family Forms*. Cambridge, MA: Cambridge University Press.

Greef, A. P. & Toit, C. D. (2009). Resilience in Remarried Families. *American Journal of Family Therapy*, 37, 114-126.

Hotvedt, M. (1997). Il Matrimonio Interculturale: l'Incontro Terapeutico. *Terapia Familiare*, 54, 55-66.

Jewett, C. L. (1978). *Adopting the Older Child*. Harvard, MA: Harvard Common Press.

King, V. (2009). The Family Formation: Implications for Adolescent Ties to Mothers, Nonresident Fathers and Stepfathers. *Journal of Divorce and Remarriage*, 71, 954-968.

Lambert, A. (2010). Stepparent Family Membership Status. *Journal of Divorce and Remarriage*, 51, 428-440.

La Sala, M. (1999). Coppie Omosessuali Maschili e Disapprovazione Intergenerazionale. In M. Andolfi (Ed.), *La Crisi della Coppia*. Milan: Raffaello Cortina, pp. 487-508.

La Sala, M. (2000). Lesbians, Gay Men and their Parents: Family Therapy for the Coming-out Crisis. *Family Process*, 39(1), 67-81.

La Sala, M. (2010). *Coming Out, Coming Home*. New York: Columbia University Press.

McGoldrick, M. & Hardy, K. V. (2008). *Re-Visioning Family*

Therapy: Race, Culture and Gender in Clinical Practice (2nd ed.). New York: Guilford Press.

Mc Lanahan, S. & Carlson, M. S. (2004). Fathers in Fragile Families. In M. E. Lamb (Ed.), The *Role of the Fathers in Child Development*. Hoboken, NJ: Wiley, pp. 368-396.

Michaels, M. L. (2006). Factors that Contribute to Step Family Success: A Qualitative Analysis. *Journal of Divorce and Remarriage*, 44, 53-66.

Nelsen, J., Erwin, C. & Glenn, H. S. (1997). Positive Discipline for Blended Families. Rocklin, CA: Prima Publisher.

Papernow, P. L. (2009). *Becoming a Stepfamily*. New York: Routledge.

Patterson, C. J. & D'Augelli, A. R. (Eds.) (2012). *Handbook of Psychology and Sexual Orientation*. New York: Oxford University Press.

Roussel, L. (1989). *La Famille Incertaine*. Paris: Odile Jacob.

Scabini, E. & Regalia, C. (1993). La Famiglia in Emigrazione. Continuità e Fratture nelle Relazioni Intergenerazionali. *Terapia Familiare*, 43, 5-11.

Sewell, T. (1996). *Migrations and Cultures: A World View*. New York: Basic Books.

Siegel, B. & Perrin, E. (2013). Promoting the Well-being of Children whose Parents are Gay or Lesbian. *Pediatrics*, 4, 703-711.

Simon, R. J. & Altstein, H. (2002). *Adoption, Race and Identity*. New Brunswick, NJ: Transaction Publishing.

Steward, S. D. (2005). Boundary Ambiguity in Stepfamilies. *Journal of Family Issues*, 26, 1002-1029.

Sykes, M. R. (2001) Adopting with Contact: A Study of Adoptive Parents and the Impact of Continuing Contact with Families of Origin. *Journal of Family Therapy*, 23, 296-316.

Van Guiden, H. & Bartels-Rabb, L. M. (1993). *Real Parents, Real Children: Parenting the Adopted Child*. New York: Herder & Herder.

Visher, E. B. & Visher, J. S. (1991). *How to Win as a Stepfamily*. New York: Brunner-Mazel.

Volker, T., Terri, A. K. & Wetchler J. (Eds.) (2003). *Clinical Issues with Interracial Couples: Theories and Research*. Binghamton, NY: The Haworth Press.

Whiteman, T. (1993). *The Fresh Start Single Parenting Workbook*. Nashville, TN: Thomas Nelson.

第四章

Andolfi, M. (1979). *Family Therapy: An Interactional Approach*. New York: Plenum Press.

Andolfi, M. (1994). The Child as Co-Therapist. In M. Andolfi & R. Haber (Eds.) *Please, Help Me With This Family*. New York: Brunner/Mazel, pp. 73-89.

Andolfi, M. & Mascellani, A. (2013). *Teen Voices. Tales of Family Therapy*. San Diego: Wisdom Moon Publishing.

Andolfi, M., Angelo, C. & De Nichilo, M. (1989). *The Myth of Atlas: Families and the Therapeutic Story*. New York: Brunner/Mazel.

Banmen, J. (2002). The Satir Model: Yesterday and Today.

Contemporary Family Therapy, 24, 7-22.

Bowen, M. (1978). *Family Therapy in Clinical Practice*. New York: Jason Aronson.

Byng-Hall, J. (1979). Re-editing Family Mythology during Family Therapy. *Journal of Family Therapy*, 1(2), 103-116.

Caillé, P. (1990). *Il Rapporto Famiglia-Terapeuta. Lettura Sistemica di una Interazione*. Rome: NIS.

Constantine, L. (1978). Family Sculpture and Relationship Mapping Techniques. *Journal of Marriage and Family Counseling*, 4, 13-23.

Donini, G., De Santis, S., Galante, L. C., Michelis, P., Massimilla, M. & Mormile M. C. (1987). Il Role-Playing Tramite Sedute Familiari Simulate. *Terapia Familiare*, 25, 49-61.

Duhl, F., Kantor, D. & Duhl, B. (1973). Learning, Space and Action in Family Therapy. In D. A. Bloch (Ed.), *Techniques of Family Psychotherapy*. New York: Grune and Stratton.

Framo, J. L. (1992). *Family of Origin. An Intergenerational Approach*. New York: Routledge.

Guerin, P. J. & Pendagast, E. G. (1976). Evaluation of Family System and Genogram. In P. J. Guerin (Ed.), *Family Therapy: Theory and Practice*. New York: Gardner Press.

Haber, R. (1990). From Handicap to Handi-caple. Training Systemic Therapists in use of Self. *Family Process*, 29, 375-384.

Haber, R. (2002). Virginia Satir; An Integrated Humanistic Approach. *Contemporary Family Therapy*, 24, 23-34.

Haley, J. (1976). *Problem-Solving Therapy*. San Francisco: Jossey-

Bass.

Haley, J. (1977). Toward a Theory of Pathological Systems. In P. Watzlawick & J. H. Weakland (Eds.), *The Interactional View*. New York: Norton, pp. 31-49.

Hellinger, B. (2012). *Family Constellations Revealed*. Antwerp, Belgium: Indra Torsten Preiss.

Hoffman, L. (1981). *Foundations of Family Therapy: A Conceptual Framework for System Change*. New York: Basic Books.

McGoldrick, M. & Gerson, R. (1985). *Genograms in Family Assessment*. New York: Norton.

Minuchin, S. (1974). *Families and Family Therapy*, Cambridge, MA: Harvard University Press.

Montagano, S. & Pazzagli, A. (1989). *Il Genogramma. Teatro di Alchimie Familiari*. Milan: Franco Angeli.

Onnis, L., Di Gennaro, A., Cespa, G., Agostini, B., Chouhy, A., Dentale, R. C. & Quinzi P. (1994), Sculpting Present and Future: a Systemic Intervention Model Applied to Psychosomatic Families. *Family Process*, 33(3), 341-355.

Papp, P., Silverstein, O. & Carter, E. (1973). Family Sculpting in Preventive Work with Well Families. *Family Process*, 12(2), 197-212.

Satir, V. (1967). *Conjoint Family Therapy: A Guide to Theory and Technique*. Palo Alto, CA: Science and Behavior Books.

Satir, V., Banmen, J., Gerber, J. & Gomori, M. (2006). *The Satir Model: Family Therapy and Beyond*. Palo Alto, CA: Science and Behavior Books.

Selvini Palazzoli, M., Boscolo, L., Cecchin, G. & Prata, G. (1978). *Paradox and Counter-paradox: A New Model in the Therapy of the Family in Schizophrenic Transactions*. New York: Jason Aronson.

Selvini Palazzoli, M., Cirillo, S., Selvini, M. & Sorrentino, A. M. (1989). *Family Games: General Models of Psychotic Processes in the Family*. New York: Norton.

Walsh, F. (Fd.) (1982). Normal Family Processes. New York: Guilford Press.

Whitaker, C. A. (1989). *Midnight Musings of a Family Therapist*. New York: Norton.

第五章

Andolfi, M. (1994). The Child as Consultant. In M. Andolfi & R. Haber (Eds.), *Please, Help Me With This Family*. New York: Brunner/Mazel, pp. 73-89.

Andolfi, M. (Ed.) (1999). *La Crisi della Coppia*. Milan: Raffaello Cortina.

Andolfi, M. (2002). Couple Therapy as a Transforming Process: Reflections on Couples' Stories. In F. W. Kaslow & R. F. Massey (Eds.), *Comprehensive Handbook of Psychotherapy*, Vol. 3. New York: Wiley, pp. 359-388.

Andolfi, M. & Mascellani, A. (2012). Psicopatologia della Coppia Contemporanea nell'Italia Contemporanea. In P. Donati (Ed.), *La Relazione di Coppia Oggi*. Trento: Erickson, pp. 181-215.

Andolfi, M. & Mascellani, A. (2013). *Teen Voices. Tales of Family*

Therapy. San Diego: Wisdom Moon Publishing.

Andolfi, M., Falcucci, M., Mascellani, A., Santona, A. & Sciamplicotti, F. (Eds.) (2006). *La Terapia di Coppia in una Prospettiva Trigenerazionale.* Rome: A.P.F.

Andolfi, M., Falcucci, M., Mascellani, A., Santona, A. & Sciamplicotti, F. (Eds.) (2007). Il *Bambino come Risorsa nella Terapia Familiare.* Rome: A.P.F.

Bank, S. P. & Kahn, M. D. (1982). *The Sibling Bond.* New York: Basic Books.

Dunn, J. & Plomin, R. (1991). Why are Siblings so Different? The Significance of Differences in Sibling Experiences Within the Family. *Family Process*, 30(3), 271-283.

Haber, R. (1994) "With a Little Help From my Friends": Friends as Consultative Resources. In M. Andolfi & R. Haber (Eds.), *Please, Help Me With This Family.* New York: Brunner/Mazel, pp. 112-131.

Johnson, S. (2004) *The Practice of Emotionally Focused Couple Therapy. Creating Connection*, 2nd ed. New York: Brunner/Routledge.

Minuchin, S. (1972). Structural Family Therapy. In P. Kaplan P.J. (Ed.), *American Handbook of Psychiatry*. Vol. 2. New York: Basic Books, pp. 178-192.

Minuchin, S. (1974). *Families and Family Therapy.* Cambridge, MA: Harvard University Press.

Whitaker, C. A. (1989). *Midnight Musings of a Family Therapist.* New York: Norton.

第六章

Andolfi, M. (1979). *Family Therapy: An Interactional Approach.* New York: Plenum Press.

Andolfi, M. (1994). The Child as the Consultant. In M. Andolfi & R. Haber (Eds.), *Please, Help Me With This Family.* New York: Brunner-Mazel, pp. 73-89.

Andolfi, M. (2009). Salvador Minuchin: Master of Life and Pioneer of Family Therapy and his Influence on Andolfi's Professional Development. *Human Systems: The Journal of Therapy, Consultation and Training,* 20(3), 5-18.

Andolfi, M. & Mascellani, A. (2013). *Teen Voices - Tales of Family Therapy.* San Diego: Wisdom Moon Publishing.

Andolfi, M., Angelo, C., Menghi, P. & Nicolò-Corigliano, A. M. (1983). *Behind the Family Mask: Therapeutic Change in Rigid Family Systems.* New York: Brunner/Mazel.

Andolfi, M., Angelo, C. & De Nichilo, M. (1989). *The Myth of Atlas: Families and the Therapeutic Story.* New York: Brunner/Mazel.

Andolfi, M., Angelo, C. & De Nichilo, M. (Eds.) (1997). *Sentimenti e Sistemi.* Milan: Raffaello Cortina.

Andolfi, M; Angelo, C. & D'Atena, P. (2001). *La Terapia Narrata dalla Famiglia.* Milan: Raffaello Gortina.

Andolfi, M., Falcucci, M., Mascellani, A., Santona, A. & Sciamplicotti, F. (Eds.) (2007). *Il Bambino come Risorsa nella Terapia Familiare.* Rome: A.P.F.

Barreto, A. (2008). Community Therapy: Building Webs of Solidarity. In M. Andolfi & L. Calderon de la Barca (Eds.),

The Oaxaca Book: Working with Marginalised Families and Communities. Rome: A.P.F.

Farrelly, F. & Brandsma, J. (1974). *Provocative Therapy*. Capitola, CA: Metapublications.

Gelkopf, M. (2011). The Use of Humor in Serious Mental Illness: A Review. *Evidence-Based Complementary and Alternative Medicine*, 2011, article ID 342837.

Imber Black, E., Roberts, J. & Whiting J. R. (Eds.) (1988). Rituals in Families and Family Therapy. New York: Norton.

Johnson, S. M. (2004). *Practice of Emotionally Focused Couple Therapy. Creating Connection*, 2nd ed. New York: Brunner/ Routledge.

Minuchin, S. (1974). *Families and Family Therapy*. Cambridge, MA: Harvard University Press.

Minuchin, S. (1998). Where is the Family in Narrative Therapy? *Journal of Marital and Family Therapy*, 24(4), 397-403.

Minuchin, S., Borda, C. & Reiter M. D. (2013). *The Craft of Family Therapy*. New York: Routledge.

Nisse, M. (2007). Humor, Haine Symbolique et Résilience. Du Bon Usage Thérapeutique des Mots Obscènes Chez les Victimes de Violences Sexuelles. *Cahiers Critiques de Thérapie Familial et de Pratiques de Réseaux*, 39, 93-101.

Roustang, F. (2004). Che Fare delle Proprie Sofferenze? *Terapia Familiare*, 76, 5-18.

Satir, V., Banmen, J., Gerber, J. & Gomori, M. (2006). *The Satir Model: Family Therapy and Beyond*. Palo Alto, CA: Science and Behaviour Books.

Schnarch, D. M. (1997). *Passionate Marriage, Love, Sex and Intimacy in Emotionally Committed Relationships*. New York: Norton.

Selvini Palazzoli, M., Boscolo, L., Cecchin, G. & Prata, G. (1978). *Paradox and Counter-Paradox: A New Model in the Therapy of the Family in Schizophrenic Transaction*. New York: Jason Aronson.

Whitaker, C. A. (1975). Psychotherapy of the Absurd: With a Special Emphasis on the Psychotherapy of Aggression. *Family Process*, 14, 1-16.

Whitaker, C. & Keith D. (1981a). Symbolic Experiential Family Therapy. In A. S. Gurman & D. P. Kniskern (Eds.), *Handbook of Family Therapy*. New York: Brunner/Mazel, pp. 187-225.

Whitaker, C. & Keith, D. (1981b). Play Therapy: A Paradigm for Work with Families. *Journal of Marital and Family Therapy*, 7(3), 243-254.

Whitaker. C. & Simons, J. (1994). The Inner Life of the Consultant. In M. Andolfi & R. Haber (Eds.), *Please, Help Me With This Family*. New York: Brunner/Mazel, 66-72.

White, M. & Epston, D. (1989). *Literate Means to Therapeutic Ends*. Adelaide, Australia: Dulwich Centre.

第七章

Anderson, H. (1997). *Conversation, Language and Therapy*. New York: Basic Books.

Anderson, H. & Goolishian, H. A. (1988). Human Systems as Linguistic Systems: Preliminary and Evolving Ideas about the Implications for Clinical Theory. *Family Process*, 27(4), 371-393.

Andolfi, M. (1979). Redefinition in Family Therapy. *The American Journal of Family Therapy*, 7(1), 5-15.

Bateson, G. (1979). *Mind and Nature: A Necessary Unity*. New York: Dutton.

Bertrando, P. & Toffanetti, D. (2000a). Sull'Ipotesi. Teoria e Clinica del Processo di Ipotizzazione. *Terapia Familiare*, 62, 43-68.

Bertrando, P. & Toffanetti, D. (2000b). *Storia della Terapia Familiare*. Milan: Raffaello Cortina.

Cade, B. (1992). A Response by Any Other...*Journal of Family Therapy*, 14, 163-169.

Cecchin, G., Lane, G. & Ray, W. L. (1992). *Irreverence, a Strategy for Therapists' Survival*. London: Karnac Books.

Compernolle, T. (1992). "Adultocentrism", unpublished paper presented at the Conference *Changing Families in a Changing Society*. Brussels.

De Shazer, S. (1985). *Keys to Solution in Brief Therapy*. New York: Norton.

Elkaim, M. (1990). *If You Love Me, Do Not Love Me*. New York: Basic Books.

Erickson, M. H., Rossi, E. L. & Rossi, S. I. (1976). *Hypnotic Realities: The Induction of Clinical Hypnosis and Forms of Indirect Suggest*. New York: Irvington.

Flaskas, C. (1992). A Reframe by Other Name: On the Process of Refraining in Strategic, Milan and Analytic Therapy. *Journal of Family Therapy*, 14, 145-161.

Fourie, D. P. (2010). Asking About Ambivalence: A Different Kind of Therapist Neutrality. *American Journal of Family Therapy*, 38(5), 374-382.

Haley, J. (1976). *Problem-Solving Therapy*. San Francisco: Jossey-Bass.

Keeney, B. P. (1982). *What is an Epistemology of Family Therapy?* New York: Brunner/Mazel.

Keeney, B. P. (1983). *The Esthetics of Change*. New York: Guilford Press.

Selvini Palazzoli, M., Boscolo, L., Cecchin, G. & Prata, G. (1978). *Paradox and Counter Paradox: A New Model in the Therapy of the Family in Schizophrenic Transactions*. New York: Jason Aronson.

Selvini Palazzoli, M., Boscolo, L., Cecchin, G. & Prata, G. (1980). Hypothesizing, Circularity, Neutrality: Three Guidelines for the Conduction of the Session. *Family Process*, 19(1), 3-12.

Sluzki, C. (1992). Transformations: a Blueprint for Narrative Changes in Therapy. *Family Process*, 31(3), 217-230.

Sprenkle, D. H., Davis, S. D. & Lebow, J. (2009). *Common Factors in Couple and Family Therapy: The Overlooked Foundation for Effective Practice*. New York: Guilford Press.

Tomm, K. (1988). Intending to Ask Lineal, Circular, Strategic or Reflexive Questions? *Family Process*, 27, 1-15.

Watzlawick, P., Beavin, J. H. & Jackson, D. D. (1967). *Pragmatic of Human Communication. A Study of Interactional Patterns, Pathologies, and Paradoxes*. New York: Norton.

White, M. (2007). *Maps of Narrative Practice*. Adelaide, Australia: Dulwich Centre.

White, M. & Epston, D. (1989). *Literate Means to Therapeutic Ends*. Adelaide, Australia: Dulwich Centre.

第八章

Argyle, M. (2013). *Bodily Communication*. London: Routledge.

Baltazar, M., Hazem, N., Vilarem, E., Beaucousin, V., Picq, J. L. & Conty, L. (2014). Eye Contact Elicits Bodily Self-Awareness in Human Adults. *Cognition*, 133, 120-127.

Birdwhistell, R. L. (1970). *Kinesics and Context*. Essays on Body Motion Communication. Philadelphia: University of Pennsylvania Press.

Borg, S. (2009). Language Teacher Cognition. In A. Burns & J. C. Richards (Eds.), *The Cambridge Guide to Second Language Teacher Education*. Cambridge, MA: Cambridge University Press, pp. 163-171.

Bowen, M. (1978). *Family Therapy in Clinical Practice*. New York: Jason Aronson.

Cook, M. (1973). *Interpersonal Perception*. New York: John Wiley.

Desmond, M. & Morris, J. D. (1977). *Man Watching: A Field Guide to Human Behavior*. New York: Abrams.

Ekman, P. & Friesen, W. V. (1972). Hand Movements. *Journal of*

Communication, 22, 353-374.

Ekman, P. & Friesen, W. V. (1982). Felt, False and Miserable Smiles. *Journal of Nonverbal Behavior*, 6, 238-252.

Ekman, P., Friesen, W. V. & O'Sullivan, M. (1988). Smiles When Lying. *Journal of Personality and Social Psychology*, 54, 414-420.

Ekman, P., Friesen, W. V. & Davidson, R. J. (1990). The Duchenne Smile: Emotional Expression and Brain Physiology. *Journal of Personality and Social Psychology*, 58, 342-353.

Fivaz-Depeursinge, E. & Corboz-Warnery, A. (1999). *The Primary Triangle: A Developmental Systems View of Mothers, Fathers, Infants*. New York: Basic Books.

Hall, E. T. (1966). *The Hidden Dimension*. New York: Doubleday.

Kendon, A. (1994). Do Gestures Communicate? A Review. *Research on Language and Social Interaction*, 27, 175-200.

Lowen, A. (1978). *The Language of the Body*. New York: McMillan.

Satir, V., Banmen, J., Gerber, J & Gomori, M. (2006). *The Satir Model: Family Therapy and Beyond*. Palo Alto, CA: Science and Behaviour Books.

Scheflen, A. E. (1972). *Body Language and the Social Order*. Inglewood Cliffs, NJ: Prentice-Hall.

Scheflen, A. (1974). *How Behaviour Means*. New York: Anchor Books.

Sommer, R. (1969). *Personal Space*. Inglewood Cliffs, NJ: Prentice-Hall.

Stern, D. N. (2004). *The Present Moment in Psychotherapy and*

Everyday Life. New York: Norton.

Stern. D. (2010). *Forms of Vitality: Exploring Dynamic Experience in Psychology, the Arts, Psychotherapy, and Development*. New York: Oxford University Press.

Tronick, E. Z. (1989). Emotions and Emotional Communications in Infants. *American Psychologist*, 44(2), 112-118.

Whitaker, C. A. (1975). Psychotherapy of the Absurd: With a Special Emphasis on the Psychotherapy of Aggression. *Family Process*, 14(1), 1-16.

第九章

Bersoff, D. N. (Ed.) (1999). *Ethical Conflicts in Psychology*. Washington, DC: American Psychological Association.

Bowen, M. (1978). *Family Therapy in Clinical Practice*. New York: Jason Aronson.

Bowlby, J. & Robertson, J. (1952). A Two-year-old Goes to Hospital. *Proceedings of the Royal Society of Medicine*, 46, 425-427.

Cohen, S. S. (1987). *The Magic of Touch*. New York: Harper and Row.

Cornell, W. E. (1997). Touch and Boundaries in Transactional Analysis: Ethical and Transferential Considerations. *Transactional Analysis Journal*, 37(1), 30-37.

Di Nicola, V. F. (1985). The Acoustic Mask: A Review of Behind the Family Mask. *Journal of Strategic & Systemic Therapies*, 4(1), 74-80.

Downey, D. L. (2001). Therapeutic Touch in Psychotherapy.

Psychotherapy, 36(1), 35-38.

Durana, C. (1998). The Use of Touch in Psychotherapy: Ethical and Clinical Guidelines. *Psychotherapy*, 35(1), 269-280.

Field, T. (2003). Touch. Cambridge, MA: MIT Press.

Gutheil, T. G. & Gabbard, G. O. (1993). The Concept of Boundaries in Clinical Practice: Theoretical and Risk-Management Dimensions. *American Journal of Psychiatry*, 150, 188-196.

Haber, R. (2002). Virginia Satir: An Integrated, Humanistic Approach. *Contemporary Family Therapy*, 24(1), 23-34.

Holub, E. A., & Lee, S. S. (1990). Therapist's Use of Non-erotic Physical Contact: Ethical Concerns. *Professional Psychology: Research and Practice*, 21, 115-117.

Hunter, M. & Struve, J. (1998). *The Ethical Use of Touch in Psychotherapy*. Thousand Oaks, CA: Sage Publications.

Johnson, S. M. (2004). *Creating Connection: The Practice of Emotionally Focused Marital Therapy*. New York: Brunner/ Routledge.

Menninger, K. (1958). *Theory of Psychoanalytic Technique*. New York: Science Edition.

Montagu, A. (1971). T*ouching: The Human Significance of the Skin*. New York: Harper & Row.

Perls, F. (1973). *The Gestalt Approach and Eye Witness to Therapy*. Palo Alto, CA: Science & Behavior Books.

Pope, K. S. & Bouhoutsos, J. (1986). *Sexual Intimacy Between Therapists and Patients*. New York: Praeger.

Pope, K. S. & Vasquez, M. J. T. (2007). *Ethics in Therapy and*

Counselling: A Practical Guide (3rd ed.). San Francisco: Jossey-Bass.

Reich, W. (1972). *Character Analysis*. New York: Simon & Schuster.

Rogers, C. R. (1951). *Client-centered Psychotherapy*. Boston: Houghton Mifflin.

Roustang, F. (2014). *Feuilles Oubliées, Feuilles Retrouvées*. Paris : Payot & Rivages.

Rudnytsky, P. L. (2000). *Ferenczi's Turn in Psychoanalysis*. New York: University Press.

Rutter, P. (1989). *Sex in the Forbidden Zone*. London: Harper Collins.

Satir, V. (1972). *Peoplemaking*. Palo Alto, CA: Science and Behavior Books.

Simon, R. I. (1995). The Natural History of Therapist Sexual Misconduct. Identification and Prevention. *Psychiatric Annals*, 25, 90-94.

Smith, E., Clance, P. R. & Imes, S. (Eds.) (1998). *Touch in Psychotherapy: Theory, Research and Practice*. New York: Guilford Press.

Stern, D. (2010). *Forms of Vitality: Exploring Dynamic Experience in Psychology, the Arts, Psychotherapy, and Development*. New York: Oxford University Press.

Van Der Kolk, B. (2014). *The Body Keeps the Score*. New York: Penguin.

Watzlawick, P., Beavin, J. H. & Jackson, D. D. (1967). *Pragmatic of Human Communication. A Study of Interactional Patterns,*

Pathologies, and Paradoxes. New York: Norton.

Wolberg, L. (1967). *The Technique of Psychotherapy* (2nd Ed.). New York: Grune & Stratton.

Yalom, I. D. (2001). *The Gift of Therapy*. New York: Harper Collins Publishers.

Zappella, M. (1987). *I Bambini Autistici, l'Holding e la Famiglia*. Rome: Nuova Italia Scientifica.

Zur, O. (2007). *Boundaries in Psychotherapy: Ethical and Clinical Explorations*. Washington, DC: APA Books.

第十章

American Psychiatric Association (1994). *Diagnostic and Statistical Manual of Mental Disorders*, 4th ed. (DSM-IV). Arlington, VA: American Psychiatric Association.

American Psychiatric Association (2013). *Diagnostic and Statistical Manual of Mental Disorders*, 5th ed. (DSM-5). Arlington, VA: American Psychiatric Association.

Andolfi, M. & Mascellani, A. (2013). *Teen Voices. Tales of Family Therapy*. San Diego: Wisdom Moon Publishing.

Andolfi, M., Angelo, C. & de Nichilo, M. (1989). *The Myth of Atlas: Families and the Therapeutic Story*. New York: Brunner/Mazel.

Andolfi, M., Angelo, C. & D'Atena, P. (2001). *La Terapia Narrata dalle Famiglie*. Milan: Raffaello Cortina.

Breunlin, D., Pinsof, W. & Russell, W. (2011). Integrative Problem Centered Meta-frameworks Therapy: Core Concepts and Hypothesizing. *Family Process*, 50, 293-313.

Carr, A. (2009a). The Effectiveness of Family Therapy and Systemic Interventions for Child focused Problems. *Journal of Family Therapy*, 31(1), 3-45.

Carr, A. (2009b). The Effectiveness of Family Therapy and Systemic Interventions for Adult-focused Problems. *Journal of Family Therapy*, 31(1), 46-74.

Duncan, B., Miller, S. & Sparks, A. (2000). *The Heroic Client: A Revolutionary Way to Improve Effectiveness Through Client-directed, Outcome-informed Therapy*. San Francisco: Jossey-Bass.

Fivaz-Depeursinge, E. & Corboz-Warnery, A. (1999). *The Primary Triangle: a Developmental Systems View of Mothers, Fathers, Infants*. New York: Basic Books.

Fivaz-Depeursinge, E. & Philipp, D. (2014). *The Baby and the Couple: Understanding and Treating Young Families*. London: Routledge.

Frances, A. (2013). *Essentials of Psychiatric Diagnosis, Revised Edition: Responding to the Challenge of DSM 5*. New York: Guilford Press.

Friedlander, M., Escudero, V. & Heatherington, L. (2005). *Therapeutic Alliances with Couples and Families: An Empirical Informed Guide to Practice*. Washington, DC: American Psychological Association Books.

Pinsof, W. (1995). *Integrative Problem Centered Therapy*. New York: Basic Books.

Rinsof, W. & Greenberg, L. (Eds.) (1986). The Psychotherapeutic

Process: A Research Handbook. New York: Guilford Press.

Pinsof, W. & Wynne, L. (2000). Toward Progress Research. Closing the Gap Between Family Therapy Practice and Research. *Journal of Marital and Family Therapy*, 26, 1-8.

Sexton, T. & Datchi, C. (2014). The Development and Evolution of Family Therapy Research: Its Impact on Practice, Current Status and Future Directions. *Family Process*, 53(3), 415-433.

索引

編按：本索引中所標示之數字為原文書頁碼，檢索時請對照內文左、右側之原文頁碼。

A

- abandonment 遺棄 20, 30
- Accademia di Psicoterapia della Famiglia 家庭治療學院 46
- access, level of 可及性程度 63-64
- Ackerman Family Therapy Institute 阿克曼家庭治療學院 47
- Ackerman, N. W. 阿克曼 5, 6
- adolescents 青少年
- adoptive families 收養家庭 29, 30, 31; assessment 評估 56; changing refusal to collaboration 將拒絕轉化為合作 109; family life cycle 家庭生命週期 10; listening to 傾聽 131; physical contact 身體接觸 119-120; siblings 手足 64; therapist's active movements 治療師主動的動作 106; verbal expressions of 口語表達 84
- adoptive families 收養家庭 29-31, 63
- adulthood, transition to 轉換至成人期 10
- affective attunement 情感對頻 98, 112, 114

B

- Bank, S. P. 班克 63
- Barreto, A. 巴萊多 78
- Bateson, G. 貝特森 2, 5, 53
- Beavin, J. H. 巴費拉斯 4, 82, 113
- bedwetting 尿床 69
- belonging 歸屬 18-19, 58
- bereavement 喪親之痛 80, 114-116, 125, 129

- Aldous, J. 阿道司 11
- American Psychological Association 美國心理學會 34
- Andolfi, M. 安東爾菲 6, 41, 43
- Angelo, C. 安傑羅 6
- anorexia 厭食 / 厭食症 69, 79, 85-86, 124
- anxiety 焦慮 17, 18, 28
- "as if" questions 如果問句 91-92
- assessment 評估 56-57, 60-61, 63-64
- attachment 依附 59, 61, 121
- attentive listening 留心傾聽 72
- authority, personal 個人權威 13-14
- autonomy 自主 13, 58

- Bertrando, P. 貝特朗多 83
- Birdwhistell, R. L. 伯德惠斯特爾 96
- birth 出生 / 誕生 10, 11, 41, 61-62
- blended families 混合家庭 26-28
- body language see non-verbal communication 身體語言，見非口語溝通
- Bonvicini, M. L. 邦維齊尼 32
- boomerang generation 啃老族 10
- Borda, C. 博達 72
- Borg, S. 柏格 97
- Boscolo, L. 博斯科洛 41
- Boszormenyi-Nagy, I. 伊凡‧納吉 4, 5, 12-13
- boundaries 界限 57, 99-100, 118
- Bowen, Murray 莫瑞‧鮑文 4, 6; couple therapy 伴侶治療 112; differentiation of self 自我分化 5, 17-18, 19; family genograms 家系圖 5, 42-43; therapist as coach 做教練的治療師 105; triangles 三角關係 39
- Brief Focused Therapy 短期焦點治療 87, 133
- Byng-Hall, J. 賓尼‧霍爾 43

C
- Caillé, P. 凱利 48
- camouflaged couple therapy 偽裝的伴侶治療 62
- Carr, A. 卡爾 134

- Carter, E. A. 卡特 10
- case examples 案例 124-129, 136-139; adoptive families 收養家庭 31; changing refusal to collaboration 將拒絕轉化為合作 109; chronic child 成人兒童 19, 20, 21; couple therapy 伴侶治療 62, 63; death of a child 孩子的死亡 114-116; directness 坦然直接 74-75; elective mutism 選擇性緘默症 116; family myths 家庭迷思 14-17; family resentment 家庭的怨恨 108; genograms 家系圖 44-46; information provision 資訊提供 85-86; inter-generational questions 代間問句 94; joining 融入 73; locked door metaphor 鎖門的隱喻 88, 92-93; physical contact 身體接觸 118-119, 120, 121, 122-124; relational questions 關係問句 91; relational statements 關係陳述 88-89; rituals 儀式 79-80; role-play 角色扮演 52-53; rules of the game 遊戲規則 108-109; sculpture 雕塑 49-50; tears 眼淚 105
- causality 因果關係 2, 83
- Cecchin, G. 切欽 41
- change 改變 / 轉變 / 改換 3, 10-11, 12, 114
- children: adoptive families 子女：收養家庭 29-31; assessment 評估 56; being truthful with 真摯以待

74-75; blended families 混合家庭 27-28; as co-therapists 擔任協同治療師 68-69; communicating with 溝通 82; cross-cultural families 跨文化家庭 32; death of a child 孩子的死亡 114-116; eye contact 眼神接觸 104; family life cycle 家庭生命週期 10; genograms 家系圖 44-45; high-conflict couples 高衝突型伴侶 62; homosexual parents 同性戀父母 35-36; leaving home 離家 10, 11, 41, 60; listening to 傾聽／聽見 131; migrant families 移民家庭 33; physical contact 身體接觸 117, 118, 119-120, 121; playful language 嬉戲／有趣好玩的語言 84, 101; playing with toys 有趣地運用玩具 76-77; relational questions 關係問句 90; Rob's burdens case example 案例：羅伯的重擔 124-129; role-play 角色扮演 52-53; sculpture 雕塑 48-49; seating arrangements in therapy 治療中的座位安排 102-103; single-parent families 單親家庭 25-26; temporal jumps 時態跳躍 93-94; therapeutic alliance 治療同盟 66; therapist's active movements 治療師主動的動作 106; three-storey house metaphor 三代家庭房屋的隱喻 57; triangulation 三角化關係 40-41; see also siblings 亦見 手足

• chronic child 成人兒童 19-21
• circularity 循環 6
• Cirillo, S. 西利羅 40-41
• coaching 教練 18
• collaborative therapies 合作治療 6
• communication 溝通 2-3, 4, 6, 82-83; see also language; non-verbal communication; silence 亦見 語言；非口語溝通；沉默
• comparison questions 比較問句 90-91
• Compernolle, T. 康普諾 82
• "conductors" 帶領者 6
• confidentiality 保密 133
• conflict 衝突 25, 31, 76-77; high-conflict couples 高衝突型伴侶 58-59, 60, 61, 62; relational questions 關係問句 90; therapist's silence 治療師的沉默 113
• constructivism 建構論 6, 67
• context 脈絡 3, 87
• context shadows 脈絡蔽影 70
• contracts, therapeutic 治療契約 108
• conversational therapy 談話療法 83
• Cook, M. 庫克 98
• Corboz-Warnery, A. 柯柏茲・文利 99, 134
• counter-transference 反移情 70-71
• couples 伴侶 9; assessment 評估 56, 60-61; chronic child 成人兒

童 19, 20-21; communicating with 溝通 82-83; configurations 結構 57-58; de facto relationships 同居關係 28-29; doormat metaphor 踏腳墊的隱喻 78-79; family life cycle 家庭生命週期 10; follow-up research 追蹤研究 134-136; harmonious 和諧型 58, 60, 61-62; high-conflict 高衝突型 58-59, 60, 61, 62; influence of parents 父母的影響 20, 21; information provided by 資訊提供 84-85; inter-generational questions 代間問句 94; loyalties 忠誠 12-13; migrants 移民 / 移民者 31, 32-34; mixed 跨國 31-32; non-verbal communication 非口語溝通 103; pauses for reflection 反思性停頓 111-112; relational questions 關係問句 89-90, 91; role-play 角色扮演 52, 53; rules of the game 遊戲規則 108-109; same-sex 同性 / 相同性別 28, 29, 34-36; "sandwiched" 三明治型 59-60; sculpture 雕塑 49-50; therapeutic alliance 治療同盟 66; three-storey house metaphor 三代家庭房屋的隱喻 57; unstable 不穩定型 59, 62-63; see also marriage 亦見 婚姻

- cross-cultural families 跨文化家庭 31-32

- Crouch, S. 克勞奇 36
- crowded-nest syndrome 回巢症候群 / 子女回巢 10, 60
- cultural family therapy 文化家庭治療 19
- culture: communication 文化：溝通 82; cross-cultural families 跨文化家庭 31-32; cultural norms 文化規範 12; eye contact 眼神接觸 97; migrant families 移民家庭 32-34; non-verbal communication 非口語溝通 97; "professional handicaps" 「專業困境」51-52; therapeutic alliance 治療同盟 107
- curiosity 好奇 / 好奇心 / 好奇性 72, 74, 75-76, 84, 86, 104, 107

D
- Datchi, C. 戴奇 134
- de facto relationships 同居關係 28-29
- de-labeling 去標籤 68
- death 死亡 / 過世 / 身亡 10, 79-80, 106
- "debts" 債務 13
- dependence 依賴關係 / 依賴 20, 58-59
- depression 憂鬱症 / 憂鬱 / 抑鬱 12, 28, 44, 45, 69, 103, 105, 138
- Di Nicola, V. F. 尼可拉 116
- Diagnostic and Statistical Manual of Mental Disorders (DSM-5)《精

神疾病診斷與統計手冊》（第五版）34, 131-132

• dialogic-didactic method 對話－辯證方法 83

• differentiation 分化 5, 17-18, 19, 35, 42, 57-58, 67-68; see also individuation

• direct questions 直接問句 90

• directness 坦然直接 73-75

• divorce 離婚 11, 25-26, 79

• doormat metaphor 踏腳墊的隱喻 78-79

• Double-bind Theory 雙重束縛理論 2-3

• dramatization 戲劇化 / 戲劇化做法 / 戲劇表現 48, 52, 53, 78

• Duncan, B. 鄧肯 134

• duties 任務 13

• dyadic relationships 成對關係 2, 17

E

• Ekman, P. 艾克曼 98, 104

• elderly care 年長者的照顧 59-60

• elective mutism 選擇性緘默症 116

• emotional cut-off 情緒切割 19, 58

• emotional functioning 情緒功能運作 18

• emotions: attentive listening by therapist 情緒：治療師的留心傾聽 72; eye contact 眼神接觸 97, 104; facial expressions 表情 / 臉部表情 97-98; genograms 家系圖 43; kinaesthetic behaviour 動作學的行為 97; lung language 肺腑之言 102; posture 姿勢 98-99; relational questions 關係問句 89; role-play 角色扮演 53; sculpture 雕塑 47, 48, 50; therapist's role 治療師的角色 71

• empathy 同理 72, 77, 89, 97, 121

• empty-nest syndrome 空巢症候群 11, 60

• encopresis 遺屎症 69, 70

• Epston, D. 艾普斯頓 78, 87

• Erickson, Milton 艾瑞克森 3, 87

• Escudero, V. 埃斯庫德羅 134

• extended family 延伸家庭 33

• extra-marital relationships 外遇 61, 62

• eye contact 眼神接觸 73, 89, 97, 101-104

F

• facial expressions 表情 / 臉部表情 97-98, 104

• failure 失敗 72

• family career concept 家庭生涯概念 11

• family genograms 家系圖 5, 18, 42-47, 50-51, 69, 79, 108

• family life cycle 家庭生命週期 9-11, 14, 78

• "family mandates" 「家庭使命」 64

- family sculpture 家庭雕塑 47-52, 105-106, 118, 135
- Family Systems Theory 家庭系統理論 17-18
- family therapy, effectiveness of 家族治療的成效 132-134
- fathers: absent 父親：缺席的 20-21; blended families 混合家庭 27; Bowen's theory 鮑文理論 17; death of 去世 / 死亡 125, 129;
- family myths 家庭迷思 16; rituals 儀式 79-80, 106; sculpture 雕塑 48-49; single-parent families 單親家庭 25, 26; see also parents 亦見父母
- favouritism 偏祖 27, 40, 63
- fears 害怕 / 恐懼 42, 50, 79-80, 106, 122, 135
- Ferenczi, S. 費倫齊 117
- Ferreira, A. J. 費瑞拉 14
- Fish, R. 費施 4
- Fivaz-Depeursinge, E. 費華茲－蒂波申奇 99, 134
- follow-up 追蹤 / 追蹤效果 134-136
- Framo, J. L. 富拉摩 4, 5, 6
- Frances, A. 法蘭西斯 132
- Freud, Sigmund 佛洛伊德 117
- Freudian method 佛洛伊德學派的方法 7
- Friedlander, M. 法蘭德 134
- friendships 友誼 60

- Friesen, W. V. 弗森 98
- Fromm, Erich 佛洛姆 1

G
- gender 性別 82-83, 100, 107
- genealogy 家譜學 / 家譜 42-43
- General Systems Theory 一般系統理論 1
- genograms 家系圖 5, 18, 42-47, 50-51, 69, 79, 108
- Gerson, R. 格爾森 43
- gestures 手勢 73, 98, 108
- Goff, J. K. 高夫 13
- Goldenberg, H. 高登柏格 13
- Goldenberg, I. 高登柏格 13
- Golombok, S. 哥洛勃克 24, 36
- grandparents（外）祖父母 / 祖父或祖母 10, 41-42, 59, 89
- Greenberg, L. 格林堡 133-134
- grief 悲慟 / 悲傷 / 悲痛 10, 79-80, 104-105, 114-116, 129, 137-138, 139
- Guerin, P. J. 格林 43

H
- Haber, R. 哈柏 118
- haemophilia 血友病 74
- Haley, J.: divergence in therapy approaches 海利：治療取向的差異性 6; perverse triad 倒錯三角關係 3, 40; role-play 角色扮演 53; Strategic Therapy 策略治療

87; supervision by 被督導 69-70; systemic-cybernetic perspective 系統－控制觀點 2

- Hall, E. T. 霍爾 99, 100
- harmonious couples 和諧型伴侶 58, 60, 61-62
- Heatherington, L. 西瑟林頓 134
- Hellinger, B. 海寧格 43
- high-conflict couples 高衝突型伴侶 58-59, 60, 61, 62
- Hoffman, L. 霍夫曼 6
- homeostasis 恆定狀態 2, 3
- homosexual couples 同性伴侶 28, 29, 34-36
- Horney, Karen 荷妮 1
- hospital settings 醫療機構 68
- humour 幽默 75, 77-78, 119
- hypothesis formulation 形成假設 83-84
- hypothetical questions 假設問句 91-92

I

- "I position"「我立場」14, 19
- identity 認同 34
- images 意象 78
- immaturity 不成熟 5, 18, 19
- implicit relational knowledge 內隱關係知識 7
- impotence 無力感 72
- indirect questions 間接問句 90
- individuation 個體化 13, 18, 35,

58; see also differentiation 亦見 分化

- information 資訊 84-86
- instigation 煽動 40-41
- inter-generational intimidation 世代間的壓迫／代間壓迫 13-14, 19-20
- inter-generational questions 代間問句 93-94
- inter-subjective consciousness 互為主體意識 7
- intimate distance 親密距離 99
- intimidation 壓迫 13-14, 20
- inverted funnel metaphor 顛倒漏斗的隱喻 85

J

- Jackson, D. D. 傑克森 2, 53, 82, 113
- Johnson, S. M. 強森 61
- joining 融入／參與會談 72-73, 133

K

- Kahn, M. D. 卡恩 63
- Keeney, B. P. 齊尼 87-88
- Kendon, A. 肯頓 96
- kinesics 動作學 96
- knowledge 知識 7

L

- La Sala, M. 拉・薩拉 35

- language 語言 75-76, 82-95, 119; foundations of therapeutic dialogue 治療性對話的基礎 83-85; gathering and selection of information 資料的收集與選擇 85-86; lung language 肺腑之言 102; reframing 重新框視 86-88; relational questions 關係問句 89-94; relational statements 關係陳述 88-89; see also communication; non-verbal communication 亦見 溝通；非口語溝通
- Laperriere, Kitty 拉佩里埃 47
- laughter 笑聲／笑／笑意 77-78, 104
- Lausanne Triadic Play 洛桑三方互動 99, 134
- leaving home 離家 10, 11, 41, 60
- lesbians 女同志 35
- life cycle 生命週期 9-11, 14, 78
- listening 傾聽／聽／聽見 72, 73, 111-112, 113-114, 131
- locked door metaphor 鎖門的隱喻 88, 92-93
- loneliness 寂寞／孤寂 28, 49
- loss 失落 30, 79, 105, 129
- loyalties 忠誠 5, 12-13, 42; blended families 混合家庭 27; migrant families 移民家庭 32-34; siblings 手足 63-64
- lung language 肺腑之言 102

M

- marriage 婚姻 13, 56; arranged 安排 32; crisis in the institution of 制度的危機 28-29; see also couples 亦見 伴侶
- maturity 成熟 18, 20, 21
- McGoldrick, M. 麥戈德里克 10, 43
- Medical Model 醫療模式 2, 39, 63, 68, 83, 131-132
- medication 藥物 73, 132, 136
- memory 記憶 106
- men: inter-generational values 男性：世代間的價值觀 42; single-person families 單人家庭 28; stereotypes about 對男性的刻板印象 117; therapeutic alliance 治療同盟 107; see also fathers 亦見 父親
- Menninger, K. 梅寧哲 117
- Mental Research Institute, Palo Alto 帕羅奧圖心理研究機構 2, 3, 4, 53
- metaphors 隱喻 76, 92, 103
- migrant families 移民家庭 31, 32-34
- Milan school 米蘭學派 4, 6, 78, 83, 84, 87
- Miller, S. 米勒 134
- Minuchin, S. 米紐慶 1, 3, 4, 6, 57; critique of systemic-cybernetic perspective 批評系統控制觀

點 5; joining 融入 72; multi-generational family therapy 多世代家族治療 5; narrative therapy 敘事治療 67; parentification 親職化 41; sibling relationship 手足關係 63; triangulation 三角化關係 17, 40

- mixed couples 跨國伴侶 31-32
- Montagano, S. 蒙塔加諾 43
- Montagu, A. 蒙塔古 121
- Moreno, J. L. 莫雷諾 52
- mothers: Bowen's theory 母親：鮑文理論 17; demanding 要求 21; estrangement from 隔閡 122-123; facial expressions 臉部表情 98; family myths 家庭迷思 16; lesbians 女同志 35; listening to 聽 73; Rob's burdens case example 案例：羅伯的重擔 124-129; sculpture 雕塑 49; single-parent families 單親家庭 25; suicide 自殺 74-75; see also parents 亦見 父母
- mourning 哀悼 10
- movement 動作 104-109
- multi-generational family therapy 多世代家族治療 4-5, 64, 84, 86, 93-94
- multi-partiality 多元偏好性 84
- myths 迷思 5, 9, 12, 14-17, 20, 42, 78

N

- names 名字 12
- narrative, multi-generational 多世代的敘事 11-12
- narrative therapy 敘事治療 67, 78, 83, 87
- neglect 忽略 63
- Neo-Freudian theories 新佛洛伊德理論 1
- network therapy approach 脈絡治療取向 78
- neuroscience 神經科學 132
- neutrality 中立／中立性 4, 83, 84
- non-verbal communication (body language) 非口語溝通 3, 82, 96-110, 119; body spacing and relational boundaries 身體距離與關係界限 99-100; eye contact 眼神接觸 73, 89, 97, 101-104; facial expressions 臉部表情 97-98, 104; follow-up research 追蹤研究 135; gestures 手勢 73, 98, 108; movement 動作 104-109; paralinguistic system 周邊語言系統 100-101; posture 姿勢 98-99; relational questions 關係問句 89; sculpture 雕塑 47, 48, 50, 52; see also physical contact; silence 亦見 身體接觸；沉默
- norms 規範 12, 14
- nuclear family 核心家庭 24

O

- objects: metaphorical 物件：隱喻性 135; physical contact through 身體接觸 120-121; playing with 有趣地運用 76
- observation 觀察 6-7, 39-55, 56; eye contact 眼神接觸 103-104; genograms 家系圖 42-47; role-play 角色扮演 52-53; triad as basic unit of 三人關係做為基本單位 39-42
- older people 年長者 28, 59-60
- Onnis, L. 歐尼斯 48

P

- Palazzoli, Selvini 薩文尼・巴拉莎利 4
- Palo Alto Mental Research Institute 帕羅奧圖心理研究機構 2, 3, 4, 53
- Papp, Peggy 派普 47
- paralinguistic system 周邊語言系統 100-101
- parental alienation syndrome 父母離間症候群 40
- parentification 親職化 41, 63
- parents: adoptive families 父母：收養家庭 29-31; blaming of 責難／指責 2-3, 132; blended families 混合家庭 26-28; changing roles 改變角色 13; collaboration with 合作 69; cross-cultural 跨文化 32; de facto relationships 同居關係 28-29; directness 坦然直接 74-75; estrangement from 隔閡 122-124; family forms 家庭型態 24; genograms 家系圖 44; homosexuality 同性戀 34-36; information provided by 提供資料 85-86; intimidation by 被壓迫 13-14, 20; locked door metaphor 鎖門的隱喻 92-93; relational questions 關係問句 90; ritual of divorce 離婚的儀式 79; sculpture 雕塑 48; seating arrangements in therapy 治療中的座位安排 102-103; single-parent families 單親家庭 25-26; standing up to 捍衛立場 19, 21; temporal jumps 時態跳躍 93-94; therapeutic alliance 治療同盟 66; Thomas' case example 湯瑪斯的案例 136-139; three-storey house metaphor 三代家庭房屋的隱喻 57; triangulation 三角化關係 40-41; see also fathers; mothers 亦見父親；母親
- partial truth 部分事實 84
- pathology 病理 2
- patriarchal family 父系家庭 24
- pauses 暫停／停頓 111-112
- Pazzagli, A. 帕札利 43
- Pendagast, E. G. 潘達葛斯 43
- personal authority 個人權威 13-14
- personal distance 個人距離 99

- personality 性格 98
- perverse triad 倒錯三角關係 3, 40
- pharmaceuticals 藥物 132
- Philipp, D. 菲利浦 134
- photos 照片 45-46, 47
- physical contact 身體接觸 99, 100, 103, 107, 116-124
- Pinsof, W. 平索夫 133-134
- play 玩 / 扮演 69, 75; Lausanne Triadic Play 洛桑三方互動 99, 134
- playfulness 有趣 75-77, 79
- posture 姿勢 98-99
- pragmatics of communication 溝通的語用學 4
- Prata, G. 普拉塔 41
- problem redefinition 重新定義問題 87
- "professional handicaps"「專業困境」51-52
- projections 投射 67
- provocation 挑戰 / 挑釁 74, 77
- proximity 親近程度 / 親近 99, 103, 107-108
- psychiatry 精神醫學 131, 132
- Psychoanalysis 精神分析 4, 7, 39, 71, 83; lack of evaluation 缺乏評估 133; physical contact 身體接觸 117; seating arrangements 座位安排 103; silence 沉默 112
- psychodrama 心理劇 52
- psychodynamic approaches 心理動力取向 40, 96-97, 132
- psychopathology 精神病理 39, 44, 57, 68, 83, 132
- psychosocial orphans 社會心理孤兒 59
- psychosomatic symptoms 心身症狀 28, 52, 62, 70, 94, 131
- public distance 公共距離 99-100
- puzzle metaphor 拼圖的隱喻 86

Q

- questioning: circular 問句：循環 3, 83; relational questions 關係問句 89-94

R

- reciprocity 對等 20
- reconciliation 和解 48, 79, 116
- reflection 反思 111-112
- reframing 重新框視 68-69, 85, 86-88, 107, 138
- refusal 拒絕 109
- regression 退化 49, 137
- Reich, W. 賴希 117
- Reiter M. D. 瑞特 72
- rejection 拒絕 49, 50
- relational deceit 關係欺騙 40-41
- Relational Psychology 關係心理學 1, 19, 42
- relational questions 關係問句 89-94
- relational skills 關係面向的技巧 71-78

- relational statements 關係陳述 88-89
- remarriage 再婚 27, 79
- resilience 韌力 77
- rhythm of voice 語速 101
- rituals 儀式 10, 14, 78-80, 105-106, 124
- Rodgers, R. 羅傑 11
- Rogers, Carl 羅哲斯 111
- role-play 角色扮演 52-53, 105-106
- role reversal 角色轉換 25
- roles 角色 12, 14, 15, 16, 64
- Roustang, F. 魯思唐 71, 115
- rules of the game 遊戲規則 108-109

S
- sadness 悲傷／傷心 28, 89, 104, 105
- same-sex couples 同性伴侶 28, 29, 34-36
- "sandwiched" couples「三明治」型伴侶 59-60
- Satir, Virginia 薩提爾 6, 47, 53, 71, 103, 118
- scapegoating 代罪羔羊 5, 67
- Scheflen, A. E. 史弗蘭 96-97, 99
- schizophrenia 思覺失調 2-3
- school phobia 拒學 69
- scripts, inter-generational 代間腳本 11-12, 14, 48
- sculpture 雕塑 47-52, 105-106, 118, 135
- seating arrangements 座位安排 102-103
- self: differentiation of 自我：分化 5, 17-18, 35, 67-68; inner self of therapist 治療師的內在自我 69-71; relational questions 關係問句 90; self-contact 與自己的接觸 100
- self-disclosure 自我揭露 71, 117
- self-esteem 自尊 13, 48
- self-harm 自我傷害 120
- self-reflection 自我反思 51, 72, 77
- Selvini, M. 薩文尼 40-41
- Selvini Palazzoli, M. 薩文尼・巴拉莎利 40-41
- separation: belonging and 分離：歸屬 18-19, 58; differentiation of self 自我分化 17-18; family life cycle 家庭生命週期 10; homosexuality 同性戀 35; marital 婚姻 11, 25, 26-27, 41, 44
- Sexton, T. 崔斯頓 134
- sexual contact 性接觸 116
- shared motivation 共同的動機 84
- siblings: adoptive families 手足：收養家庭 30-31; assessment 評估 63-64; family myths 家庭迷思 15; genograms 家系圖 43, 44; harmonious couples 和諧型伴侶 58; physical contact 身體接觸 120, 124; rivalry 競爭 27; seating arrangements in therapy 治療中的

座位安排 102

• sighs 嘆氣 102

• silence 沉默／安靜 72, 82, 96, 101, 104, 112-116

• Simons, J. 賽門 70

• single-parent families 單親家庭 25-26

• single-person families 單人家庭 28

• social constructionism 社會建構論 6, 67

• social distance 社交距離 99

• social psychiatry 社區精神醫學 131, 132

• social support 社交支持 10

• Socrates 蘇格拉底 83

• SOFTA (System for Observing Family Therapy Alliance) 觀察家族治療同盟的系統 134

• solidarity 團結 33, 131

• Sommer, R. 蘇默 100

• Sorrentino, A. M. 梭瑞提諾 40-41

• space 空間 99-100, 107

• Spark, G. 史巴克 5, 12-13

• Sparks, A. 史巴克斯 134

• step-families 繼親家庭 26-28, 64

• stereotypes 刻板印象 16, 31, 32, 117

• Stern, D. N. 斯特恩 7, 98, 104-105, 112

• stigma 汙名化 36

• Strategic Therapy 策略治療 87

• stress 壓力 10-11, 18, 94

• subjectivity 主體性 4

• suicide 自殺／自盡 74-75, 119

• Sullivan, Harry Stack 蘇利文 1

• supervision 督導 50-51

• symmetrical escalations 對稱升高 112

• "system purists" 「系統純粹主義者」4, 6

• systemic-cybernetic perspective 系統－控制觀點 2, 3, 5, 6

• systemic family therapy 系統取向家庭治療 53, 70, 83-84

• systemic-relational approach 系統－關係取向 7, 43, 56, 72

• Systems Theory 系統理論 1-2, 3, 5, 82, 83, 84, 86

T

• tears 眼淚 104, 105

• temporal jumps 時態跳躍 5, 57, 93-94

• Karis, T. A.. 凱瑞斯 32

• therapeutic alliance 治療同盟 6, 66-68; evaluation of the 評估 133, 134; follow-up research 追蹤研究 135; humour 幽默 77; movement 動作 106-109; physical contact 身體接觸 117, 119-121; relational statements 關係陳述 88; sculpture 雕塑 48, 50

• therapeutic contracts 治療契約

108

- therapeutic puzzle 治療的拼圖 86
- therapeutic relationship 治療關係 7, 67; evaluation of the 的評估 133; genograms 家系圖 44; physical contact 身體接觸 117; quality of the 品質 134; reframing 重新框視 87; vital forms 105
- therapists: active movements 治療師：主動的動作 106-107; eye contact 眼神接觸 103-104; follow-up research 追蹤研究 135-136; hypothesis formulation 形成假設 83-84; inner self of 的內在自我 69-71; neutrality 中立 4; observation by 觀察 6-7; pauses for reflection 反思性停頓 111-112; physical contact 身體接觸 116-121; "professional handicaps"「專業困境」51-52; relational skills 關係面向的技巧 71-78; silence 沉默 112-116; therapist couples in consultation 諮詢中的治療師伴侶 53; training 培訓 46-47, 50-51
- third planet 第三星球 6, 67
- Thompson, Clara 湯普森 1
- three-storey house metaphor 三代家庭房屋的隱喻 57
- time 時間 9, 11
- Toffanetti, D. 塔非那提 83
- Tomm, K. 湯穆 83
- tone of voice 語調 89, 100-101,

111

- touch 觸碰 see physical contact 亦見 身體接觸
- toys, playing with 有趣地運用玩具 76-77
- training 培訓 46-47, 50-51
- transference 移情 7, 117
- transitions 轉換 10, 16
- trauma 創傷 79-80, 117
- tri-generational maps 三代地圖 5
- tri-generational triangles 三代的三角關係 41-42, 67
- triadic questions 三人關係問句 89-90
- triads 三人關係 3, 39-42, 43, 67, 89
- "triangling"「三角化」17
- triangulation 三角化關係 17, 26, 27, 40-41, 63
- Tronick, E. Z. 特羅尼克 98
- trust: body spacing 信任感／信任：身體距離 99; damaged by extra-marital relationships 被外遇傷害 61; family rituals 家庭儀式 79; inter-generational questions 代間問句 93; joining 融入 73; lack of 缺乏 60, 75; mutual trust in couples 伴侶間的互信 36; physical contact 身體接觸 117-118

U

- University of Rome 羅馬大學 46

- unstable couples 不穩定型伴侶 59, 62-63

V

- values 價值觀 / 價值 9, 12, 14, 24, 32, 42
- violence: adopted children 暴力： 養子女 30-31; domestic 家庭內 的 48, 69, 114, 117, 123; physical contact 身體接觸 118
- visual empathy 視覺性同理 97
- vital dynamics 生命動力 104, 105, 111
- Thomas, Volker 湯瑪斯 32
- Von Bertalanffy, L. 馮・貝塔朗菲 1, 5
- Von Foerster, H. 馮・福斯特 6

W

- Walsh, F. 華許 10
- Watzlawick, P.: context 瓦茲拉威克：脈絡 3; human communication 人類溝通 4, 5, 82; silence 沉默 113; as "system purist" 為「系統純粹主義者」6; systemic-cybernetic perspective 系統－控制觀點 2
- Weakland, J. 魏克蘭 2, 4, 6, 53
- Wetchler J. 威區勒 32
- Whitaker, C. A. 華特克 4, 6; counter-transference 反移情 70-71; couple formation 伴侶

的形成 56; humour 幽默 77; hypothesis formulation 形成假設 84; metaphorization 隱喻化的歷程 92; multi-generational family therapy 多世代家族治療 5; seating arrangements 座位安排 103

- White, M. 懷特 78, 87
- Williamson, D. S. 威廉森 13-14, 20
- "wish sculptures"「願望雕塑」106
- women: family myths 女性：家庭迷思 15; inter-generational values 世代間價值觀 42; lesbians 女同志 35; single-person families 單人家庭 28; stereotypes 刻板印象 16; therapeutic alliance 治療同盟 107; see also mothers 亦見 母親
- words, playing with 有趣地運用語言 75-76
- work 工作 61
- Wynne, L. 懷恩 134

Y

- Yalom, I. D. 亞隆 118-119

Z

- Zappella, M. 札佩拉 118
- Zur, O. 祖爾 118

- 《當我遇見一個人：薩提爾精選集 1963-1983》（2019），約翰・貝曼（John Banmen），心靈工坊。
- 《家族治療師的練功房：轉化、成長與精進》（2019），李雪禎、潘怡潔、石麗如、蔡聖茹、陳姝蓉、陳孟芳、黃玫穎、黃雅羚，張老師文化。
- 《與自己相遇：家族治療師的陪伴之旅》（2019），賴杞豐，心靈工坊。
- 《關係是傷也是藥：家族治療二十八年的反思筆記》（2018），賈紅鶯，張老師文化。
- 《薩提爾的對話練習》（2017），李崇建，親子天下。
- 《米紐慶的家族治療百寶袋》（2017），薩爾瓦多・米紐慶（Salvador Minuchin）、麥克・瑞特（Michael D. Reiter）、夏曼・博達（Charmaine Borda），張老師文化。
- 《與家庭共舞：象徵與經驗取向的家族治療》（2017），卡爾・華特克（Carl A. Whitaker）、威廉・邦貝瑞（William M. Bumberry），張老師文化。
- 《午夜冥思：家族治療大師華特克回憶錄》（2017），卡爾・華特克（Carl A. Whitaker）、瑪格麗特・萊恩（Margaret O. Ryan），張老師文化。
- 《愛與自由：家族治療大師瑪莉亞・葛莫利（典藏版）》

（2015），瑪莉亞・葛莫利（Maria Gomori），張老師文化。

- 《搶救繭居族：家族治療實務指南》（2015），田村毅，心靈工坊。

- 《心的面貌（新版）》（2014），維琴尼亞・薩提爾（Virginia Satir），張老師文化。

- 《尊重自己（新版）》（2014），維琴尼亞・薩提爾（Virginia Satir），張老師文化。

- 《沉思靈想（新版）》（2014），維琴尼亞・薩提爾（Virginia Satir），張老師文化。

- 《與人接觸（新版）》（2014），維琴尼亞・薩提爾（Virginia Satir），張老師文化。

- 《大象在屋裡：薩提爾模式家族治療實錄1》（2013），瑪莉亞・葛莫利（Maria Gomori），張老師文化。

- 《越過河與你相遇：薩提爾模式家族治療實錄2 》（2013），瑪莉亞・葛莫利（Maria Gomori），張老師文化。

- 《沙灘上的療癒者：一個家族治療師的蛻變與轉化》（2012），吳就君，心靈工坊。

- 《關係的評估與修復：培養家庭治療師必備的核心能力》（2012），趙文滔、許皓宜，張老師文化。

- 《厭食家族：探索心身症的家庭脈絡》（2009），薩爾瓦多・米紐慶（Salvador Minuchin）、伯妮絲・羅絲曼（Bernice L. Rosman）、萊斯特・貝克（Lester Baker），心靈工坊。

- 《心靈的淬鍊：薩提爾家庭重塑的藝術》（2009），瑪莉亞・葛莫利（Maria Gomori）、伊蓮娜・艾達斯金

（Eleanor Adaskin），張老師文化。

- 《薩提爾成長模式的應用》（2008），約翰・貝曼（John Banmen）編，心靈工坊。
- 《家族再生：逆境中的家庭韌力與療癒》（2008），芙瑪・華許（Froma Walsh），心靈工坊。
- 《精神病學的人際理論》（2007），哈里・斯塔克・沙利文（Harry Stack Sullivan），Argun。
- 《小漢斯：畏懼症案例的分析》（2006），佛洛伊德（Sigmund Freud），心靈工坊。
- 《聯合家族治療》（2006），維琴尼亞・薩提爾（Virginia Satir），張老師文化。
- 《家庭如何塑造人（新版）》（2006），維琴尼亞・薩提爾（Virginia Satir），張老師文化。
- 《跟薩提爾學溝通》（2006），維琴尼亞・薩提爾（Virginia Satir），張老師文化。
- 《學習家族治療》（2003），薩爾瓦多・米紐慶（Salvador Minuchin）、李維榕（Wai-Yung Lee）、喬治・賽門（George M. Simon），心靈工坊。
- 《薩提爾治療實錄：逐步示範與解析》（2001），維琴尼亞・薩提爾（Virginia Satir）、蜜雪兒・鮑德溫，張老師文化。
- 《薩提爾的家族治療模式》（1998），維琴尼亞・薩提爾（Virginia Satir）、約翰・貝曼（John Banmen）、珍・歌柏（Jane Gerber）、瑪莉亞・葛莫利（Maria Gomori），張老師文化。

Master 075

找回家庭的療癒力：多世代家族治療
Multi-generation Family Therapy: tools and resources for the therapist
作者：茅里齊奧‧安東爾菲（Maurizio Andolfi）
譯者：張在蓓、楊菁薷

出版者—心靈工坊文化事業股份有限公司
發行人—王浩威　總編輯—王桂花
責任編輯—黃心宜　特約編輯—周旻君
內文編排—龍虎電腦排版公司
通訊地址—10684 台北市大安區信義路四段 53 巷 8 號 2 樓
郵政劃撥—19546215　戶名—心靈工坊文化事業股份有限公司
電話—02）2702-9186　傳真—02）2702-9286
Email—service@psygarden.com.tw
網址—www.psygarden.com.tw
製版‧印刷—中茂印刷製版股份有限公司
總經銷—大和書報圖書股份有限公司
電話—02）8990-2588　傳真—02）2290-1658
通訊地址—248 新北市五股工業區五工五路二號
初版一刷—2020 年 8 月　ISBN—978-986-357-188-9　定價—460 元

Multi-generation Family Therapy
© 2016 by Maurizio Andolfi
Published by Routledge
Chinese translation copyright © 2020 by PsyGarden Publishing Company
ALL RIGHTS RESERVED

國家圖書館出版品預行編目資料

找回家庭的療癒力：多世代家族治療 / 茅里齊奧‧安東爾菲 (Maurizio Andolfi) 著；
張在蓓，楊菁薷譯 . -- 初版 . --
臺北市：心靈工坊文化，2020.08
面；　公分 . -- (Master ; 75)
譯自：Multi-generational family therapy : tools and resources for the therapist
ISBN 978-986-357-188-9（平裝）

1. 家族治療　2. 心理治療

178.8　　　　　　　　　　　　　　　　　　　　　　　109011884

書系編號—MA 075　　　　　書名—找回家庭的療癒力：多世代家族治療

姓名 _____　是否已加入書香家族？ □是 □現在加入

電話 (O)　　　　　　(H)　　　　　　手機

E-mail　　　　　生日　　年　　　月　　　日

地址 □□□

服務機構　　　　　　職稱

您的性別—□1.女 □2.男 □3.其他

婚姻狀況—□1.未婚 □2.已婚 □3.離婚 □4.不婚 □5.同志 □6.喪偶 □7.分居

請問您如何得知這本書？
□1.書店 □2.報章雜誌 □3.廣播電視 □4.親友推介 □5.心靈工坊書訊
□6.廣告DM □7.心靈工坊網站 □8.其他網路媒體 □9.其他

您購買本書的方式？
□1.書店 □2.劃撥郵購 □3.團體訂購 □4.網路訂購 □5.其他

您對本書的意見？
□ 封面設計　1.須再改進 2.尚可 3.滿意 4.非常滿意
□ 版面編排　1.須再改進 2.尚可 3.滿意 4.非常滿意
□ 內容　　　1.須再改進 2.尚可 3.滿意 4.非常滿意
□ 文筆／翻譯 1.須再改進 2.尚可 3.滿意 4.非常滿意
□ 價格　　　1.須再改進 2.尚可 3.滿意 4.非常滿意

您對我們有何建議？

_____

_____

心靈工坊
｜PsyGarden｜

10684台北市信義路四段53巷8號2樓
讀者服務組　收